BOOKTRAILER Y LITERATURA JUVENIL

Aránzazu Sanz Tejeda

Laura Benedicto Melero

BOOKTRAILER Y LITERATURA JUVENIL

La promoción de la lectura en entornos digitales

Granada, 2025

COLECCIÓN

ENSEÑAR Y APRENDER

Director de la colección:
Miguel Ángel del Arco Blanco

ENVÍO DE PROPUESTAS DE PUBLICACIÓN

Las propuestas de publicación han de ser remitidas (en archivo adjunto de Word) a la siguiente dirección electrónica: libreriacomares@comares.com. Antes de aceptar una obra para su edición en la colección «Enseñar y Aprender», ésta habrá de ser sometida a una revisión anónima por pares. Los autores conocerán el resultado de la evaluación previa en un plazo no superior a 90 días. Una vez aceptada la obra, Editorial Comares se pondrá en contacto con los autores para iniciar el proceso de edición.

Esta investigación forma parte de los resultados de investigación obtenidos durante un contrato postdoctoral Margarita Salas, del programa de recualificación del profesorado para 2021-2023 convocado por la Universidad de Castilla-La Mancha y financiado por el Ministerio Español de Universidades y la Unión Europea con fondos Next Generation.

Maquetación y diseño de cubierta: Miriam L. Puerta
Corrector de estilo y revisor: César Sánchez Ortiz

SUMARIO

1
INTRODUCCIÓN

Si indagamos en nuestra memoria, muchas son las historias que primero hemos conocido e imaginado gracias a su lectura en papel y que después han cobrado vida en la gran pantalla. Las adaptaciones literarias convertidas en producciones audiovisuales forman parte de la cultura cinematográfica (Seger, 1993). Los lazos forjados entre la literatura y el cine evolucionan y por ello el relato del libro ya no solo adopta la forma de una película o una serie: también de un tráiler. Así es como presentamos el bibliotráiler, producciones audiovisuales de corta duración cuyo objetivo es el de promocionar libros en el entorno digital (Rovira-Collado, 2017). Cada vez más editoriales intentan colocar sus productos a través de Internet, la red de redes, para llegar a otros públicos, y esto explica que el bibliotráiler haya ido cobrando protagonismo en los últimos años.

Esta estrategia de marketing editorial es un fenómeno reciente, sobre todo, teniendo en cuenta que en España no se acuñó su definición hasta 2013 (Tabernero-Sala, 2013). Partiendo de esta premisa, hace apenas una década desde que esta forma de promocionar la lectura en el entorno digital ha sido estudiada por la academia. Su definición se ha vinculado desde el inicio al ámbito de la literatura, razón por la que se explica que teóricos e investigadores hablen del bibliotráiler como un paratexto (Rovira-Collado, 2022). Este término fue definido por Genette (2001) y adaptado y redefinido al presente como un epitexto público virtual (Lluch *et al.*, 2018). De esta forma el bibliotráiler se presenta como una herramienta capaz de aunar el lenguaje analógico y escrito del libro con el digital y audiovisual del tráiler (Lluch, Tabernero-Sala y Calvo-Valios, 2015).

Pese a los escasos estudios que analizan su forma, existe un consenso a la hora de afirmar que el bibliotráiler debe cumplir con una serie de características básicas que lo convierten en un formato único. Entre ellas destacan su difusión exclusiva a través de redes sociales y su producción única por parte de una editorial (Rovira-Collado, 2022). Investigaciones recientes se han centrado en hablar de una doble utilidad del bibliotráiler. La primera lo cataloga como una herramienta de promoción lectora en el aula y, por ende, incide en su impacto didáctico y educativo y en su capacidad para formar el profesorado en nuevas tecnologías (Tabernero-Sala y Calvo-Valios, 2016, Ibarra-Rius y Ballester-Roca, 2016; Rovira-Collado, 2019). La segunda estudia el bibliotráiler como una herramienta más dentro del plan de ventas por parte de las empresas editoriales.

Gran parte de la literatura científica publicada sobre los bibliotráileres tiene que ver con su función para la educación literaria. La búsqueda en bases de datos y catálogos especializados indica que se han llevado a cabo bastantes investigaciones sobre el bibliotráiler como actividad innovadora con el alumnado de diferentes edades, abarcando desde la educación infantil y primaria, pasando por la secundaria y llegando hasta la universidad (Rivera Orbe, *et al.*, 2020). Entre las propuestas analizadas, predominan las actividades de aula que proponen la creación de sus propias piezas audiovisuales para realizar ejercicios de creatividad y de formación del profesorado en esta materia específica e innovadora (Romero, Heredia y Sampéreiz, 2019; Gómez Domingo y Bárcena Toyos, 2022).

La segunda función del bibliotráiler, ya citada, enmarca esta producción audiovisual como estrategia de venta. No es de extrañar, cuando el mercado editorial es una industria cultural en la que la publicidad siempre ha sido una pieza clave (Adorno y Hokeimer, 1994) para su finalidad última: vender libros. Pese a ello, existen menos investigaciones que profundizan en el bibliotráiler como herramienta de marketing (Fraga, Selfa y Franco, 2016). Los estudios que no tienen que ver con su función didáctica ni con su finalidad promocional están relacionados con el análisis del bibliotráiler como pieza del mundo transmedia en el que convergen el séptimo arte y la magia de la literatura (Rovira-Collado, 2022). Si bien es en la actualidad cuando el foco está situado en la producción editorial y en su plataforma de difusión: las redes sociales (Tabernero-Sala *et al.*, 2022).

Todavía son menores las publicaciones que observan el bibliotráiler desde el prisma audiovisual. Y es que su definición supone, *per se*, que esta pieza audiovisual siga la estructura y el propósito del tráiler cinematográfico, cuyo objetivo es el de promocionar producciones audiovisuales. Es por ello por lo que este ensamblaje de imágenes, palabras y sonidos (Lluch y Sanz Tejeda, 2021) necesita de un análisis en profundidad del formato para conocer cómo el bibliotráiler narra un relato textual a través de recursos audiovisuales. Aunque varios estudios han realizado un primer acercamiento a los elementos audiovisuales del bibliotráiler (Tabernero-Sala, 2016, Romero-Oliva *et al.*, 2023), las líneas que se dibujan son difusas y se centran más en ítems vinculados a la literatura, en lo que Romero-Oliva aglutina y nombra como paratextos del libro objeto. Sin embargo, los estudios que profundizan en su producción desde el punto de vista audiovisual son casi inexistentes.

2
EL BIBLIOTRÁILER COMO HERRAMIENTA DIDÁCTICA, TRANSMEDIA Y DE PROMOCIÓN EDITORIAL

El bibliotráiler emerge como un fenómeno novedoso dentro de la promoción lectora, «donde la comunicación digital es fundamental» (Rovira-Collado, 2017, p. 63). Rosa Tabernero-Sala se erige como una de las autoras referentes en el estudio del bibliotráiler en España y en base a su investigación lo define como «un instrumento de promoción de un libro en formato de vídeo (…) con la peculiaridad de que circula por internet, es decir, se difunde a través de las redes sociales» (Tabernero-Sala, 2013, p. 212). De esta manera se diferencia «de otras adaptaciones como los audiolibros, lecturas representadas, adaptaciones escolares o entrevistas a los autores» (Rovira-Collado, 2022, p. 74). Los bibliotráileres integran «palabra, imagen y sonido que las editoriales utilizan como herramienta de marketing y las escuelas como una forma de evaluar las lecturas o promocionarlas» (Lluch y Sanz Tejeda, 2021, p. 51) en el entorno digital. Cuentan, por tanto, con una doble faceta comercial y educativa: su empleo como estrategia publicitaria por parte de las editoriales (creadoras de dicho contenido) y su llegada al aula como herramienta didáctica (Rovira-Collado, 2017). Por ello es cada vez mayor su relación con los lanzamientos literarios de LIJ que realizan las editoriales en España (Lluch, Tabernero-Sala y Calvo-Valios, 2015). Se justifica así que el bibliotráiler se utilice en este nicho de mercado, pues el público objetivo de la LIJ se mueve de forma natural en el entorno virtual (Rovira-Collado, 2022) y por ello son llamados los lectores del siglo XXI, caracterizados por una mayor presencia en internet (Tabernero-Sala, 2016).

Dado su vínculo inherente al entorno digital, el bibliotráiler como elemento narrativo es considerado un recurso transmedia. El término fue definido por primera vez por Henry Jenkins en 2003 en un artículo para la revista Technology Review. En su libro, Convergence Culture: La cultura de la convergencia de los medios de comunicación, Jenkins (2006) afirma que la narración transmediática es

«el arte de crear mundos. Para experimentar plenamente cualquier mundo de ficción, los consumidores deben asumir el papel de cazadores y recolectores, persiguiendo fragmentos de la historia a través de los canales mediáticos, intercambiando impresiones con los demás mediante grupos de discusión virtual, y colaborando para garantizar que todo aquel que invierta tiempo y esfuerzo logre una experiencia de entretenimiento más rica» (p. 31).

Más tarde, será Carlos Scolari —el teórico referente en España de este campo—, quien defina la narrativa transmedia como «un tipo de relato en el que la historia se despliega a través de múltiples medios y plataformas de comunicación y en el cual una parte de los consumidores asume un rol activo en ese proceso de expansión» (2013, p. 46). Pese a este crecimiento y a la múltiple autoría de estos formatos, una de sus características debe ser la de garantizar la continuidad del mundo narrativo, es decir, que la historia se comprenda siguiendo una línea común en este universo transmedia. Dicho principio se cumple al pasar del libro al bibliotráiler. Dentro de esta narrativa, el libro sería el elemento principal del que nace el bibliotráiler, «ejemplo de expansión transmedia que relaciona cine y literatura» (Rovira-Collado, 2022, p. 66). Y es que esta estrategia transmedia protagonizada por el bibliotráiler no es más que otra forma de crear historias, pues *The art of storytelling is not recent. Human being is an innate social individual and the construction of scenarios is intrinsic to its nature: what is new is the way it is done* (Rivera Orbel *et al.*, 2020, p. 318). En este sentido, su injerencia en las aulas también se observa como una «oportunidad para que la educación tome conciencia de que la alfabetización transmedia ofrece la posibilidad de trabajar las plataformas mediáticas» (Ambròs-Pallarès, 2020, p. 14).

En España, fue a partir de 2010 cuando empresas tradicionales de comunicación (en este caso las editoriales) comenzaron a incluir las narrativas transmedia como recurso de venta de manera incipiente (Scolari, 2014). Y es que el interés por estudiar el funcionamiento de este tipo de negocios radica en que el mercado editorial es una industria en la que la «creación sigue siendo de artesanía y es objeto de un gran número de reproducciones gracias a procedimientos industriales» (Girard, 1982, p. 36). De esta forma, fue considerada, junto a otras disciplinas como el cine o la radio, dentro de lo que la Escuela de Frankfurt encabezada por Theodor Adorno y Max Horkheimer definiría como industria cultural. Desde una perspectiva crítica, explicarían que dicha industria convence a las masas (futuros compradores) para que demanden lo que ella quiere ofertar. De esta forma, la cultura se convierte en mercancía y se funde con la publicidad por motivos económicos: «la publicidad es su elixir de vida» (Adorno y Horkheimer,1994, p. 206). A su vez, la visión crítica de esta escuela «es imprescindible para analizar los impactos de la cultura industrializada. Su preocupación por el análisis social de los contenidos culturales o su percepción de que el cambio social conlleva inseparablemente el cambio cultural son plenamente vigentes» (Zallo, 1992, p. 11). Esto explica que sean las grandes editoriales las que hayan comenzado a emplear el bibliotráiler como herramienta de promoción: «tanto técnica como económicamente, la publicidad y la industria cultural se funden una en la otra» (Adorno y Horkheimer, 1994, p. 208).

2.1. EL BIBLIOTRÁILER DENTRO DEL ECOSISTEMA LITERARIO

Dejando a un lado su difusión en la web y centrándonos en su función literaria, cabe destacar que el bibliotráiler es un paratexto, término que se refiere a todo aquello que rodea al texto del libro y que nos ofrece información sobre el mismo (Rovira-Collado, 2022). En *Umbrales*, Gerard Genette (2001, p. 7) definía el paratexto como «aquello por lo cual un texto se hace libro y se propone como tal a sus lectores y, más generalmente, al público». Apostilla después que no se refiere a un límite en sentido estricto sino a un umbral, haciendo así una analogía con el vocablo empleado por Borges a propósito de un prefacio, *vestíbulo*, ya que ofrece la posibilidad de entrar o retroceder, es decir, de transitarlo con libertad de movimiento. Su relevancia en el formato objeto de estudio en esta investigación reside en que la promoción de libros se realiza ya desde lenguajes mixtos entre los que se encuentran los elementos paratextuales, como es el caso del tráiler de libros (Lluch, Tabernero-Sala y Calvo-Valios, 2015), que a veces pueden llegar a ser clave a la hora de decidir qué libro leer, además de su importancia a la hora de crear significados culturales y sociales (Tabernero-Sala, 2018).

El bibliotráiler se constituye de manera específica como un paratexto digital (Tabernero-Sala, 2016), también llamado epitexto público virtual y definido como «elemento paratextual que se crea con las herramientas y plataformas de internet» (Lluch *et al.*, 2018). Gemma Lluch y Aránzazu Sanz Tejeda (2021) establecen una serie de características para definir estos epitextos públicos virtuales, cumpliendo el bibliotráiler con todas ellas, tal como se muestra a continuación: un epitexto público virtual se publica en internet, siendo un documento de vídeo que puede incluir hipervínculos que amplían información, con una autoría que corresponde a un particular o a un colectivo y cuyos destinatarios se multiplican; siendo su finalidad comunicativa la de «comentar, difundir, promocionar, modificar y ampliar contenido relacionado con todo el ecosistema de la lectura» (Lluch y Sanz Tejeda, 2021, p. 48). De hecho, «el principal epitexto virtual público que adquiere entidad artística propia es el tráiler de libros, o *book-trailer*» (Tabernero-Sala, 2016, p. 22).

Dentro de la morfología textual, el bibliotráiler es un hipertexto, pues siempre deberá basarse en un hipotexto que lo explica que, en este caso, será el libro que pretende difundir y promocionar. Es más, Demetrio Brisset lleva la definición al mundo audiovisual, considerando la adaptación fílmica como «un hipertexto derivado de la novela, cuento o hipotexto preexistente, que ha sido transformado por operaciones de selección, añadido, modificación y actualización» (Brisset, 2018, p. 88). En *Palimpsestos*, Genette define cinco tipos de relaciones transtextuales. El cuarto tipo es la hipertextualidad: «Toda relación que une un texto B (que llamaré *hipertexto*) a un texto anterior A (al que llamaré hipotexto) en el que se injerta de una manera que no es el comentario» (1989, p. 14).

Este paso del formato analógico al formato digital (Romero Oliva *et al.*, 2023) permite una retroalimentación que José Antonio Cordón-García (2018) considera positiva, pues estos dos sistemas, «gracias a la competencia por ocupar espacios en un contexto de economía de la atención tensionado por multitud de medios, han explorado sus rasgos diferenciales para someterlos a una optimización inexistente anteriormente» (p. 477). En este caso, podríamos extrapolar dicha afirmación y hablar de sistema analógico al referirnos al libro y de sistema digital al hablar del bibliotráiler. Aunque dicho traslado del relato en papel a la pantalla no es un hecho novedoso. Las adaptaciones audiovisuales de libros son un clásico de la producción cinematográfica. Dice Linda Seger, en su obra *El arte de la adaptación: cómo convertir hechos y ficciones en películas,* que la literatura (que trabaja con la palabra, abstracta *per se*) ha hechizado al cine (que trabaja con la imagen y, por tanto, con la sensibilidad) y que el séptimo arte se ha dejado hechizar por el texto. La explicación que otorgaba es que ambas disciplinas «son dos artes que, junto con el tiempo, manejan necesariamente las nociones de relato, ritmo y división-secuencial (…) cuya misma esencia temporal las ha convertido en instancias narrativas» (Seger, 1993, p. 17).

Una vez definido el bibliotráiler —y fijadas sus características principales— nos centramos en su forma, pues «emplea técnicas similares a las que utiliza el *tráiler* cinematográfico» (Tabernero-Sala, 2016, p. 22). Gil Pons define este como «pequeñas historias en las que imágenes individuales cuidadosamente seleccionadas y dinámicamente combinadas generan el deseo en el espectador de ver el *film* que el tráiler promociona» (Gil Pons, 2010). A ello añade que cuentan con un ritmo acelerado y que en la mayoría de las ocasiones el material está compuesto por escenas cortas yuxtapuestas. Se considera a Andrew J. Kuehn el revolucionario de este discurso por los tráileres que creaba como productor de Kaleidoscope. Fue el empresario estadounidense el que afirmó que el tráiler, lejos de ser una mera selección de mejores momentos de la obra, era una estrategia de marketing (Dornaleteche, 2007). Se consolidó como teórico de este formato con la producción del documental *Coming Attractions: The History of the Movie Trailer* (2006).

A esta visión comercial del tráiler cabe añadir su finalidad narrativa, pues «no es simplemente un resumen de la película, sino que posee un discurso propio» (Alonso Fernández, 2020, p. 97). Por ello, tras conocer los orígenes de este microrrelato audiovisual (Cepedello, 2022, p. 120), nos centrarnos en su importancia para crear historias, pues consigue una «narrativa propia que difiere del mundo ficticio de la propia película, pero además crea deseo hacia este mundo ficticio» (Gil Pons, 2010). Eso sí, el *film* es su punto de partida en tanto en cuanto su «fuente de inspiración es otro programa narrativo estructurado *a priori*. Y en función de esa narración principal —la película— el tráiler se articulará» (Dornaleteche, 2007, p. 104). De manera homóloga ocurre con el bibliotráiler, que se rige por el libro para desarrollar su historia.

El tráiler cuenta con una serie de características esenciales: en primer lugar, debe situar al espectador, ofreciendo datos sobre la película que promociona, que suele aparecer al principio de la pieza, pues «informa de la existencia de un determinado producto y después desarrolla una estrategia retórica» (Dornaleteche, 2007, p. 101). De especial relevancia es también su estructura, ya que, al ser un resumen llamativo de la producción audiovisual, se rige por la brevedad y la selección de escenas y personajes, que aparecen como índice de los signos de la narración fílmica (Dornaleteche, 2007). Se caracteriza por un montaje rítmico y acelerado, formado por imágenes inconexas que logran articular un discurso coherente. Para ensamblar planos se emplean técnicas diversas: «cortes secos, fundidos en negro, encadenados, barridos o en iris» (Alonso, Fernández, 2020). En él hay que poner especial atención en la banda sonora, formada por el diálogo, el ruido y la música (Gil Pons, 2010). En este caso su estrategia de distribución es más directa y específica que en el bibliotráiler, pues su elevado coste hace que el público objetivo sea aquel que acude al cine con frecuencia, caracterizado entonces por estar muy definido y segmentado (Gil Pons, 2010). Por ello, la mayoría se emiten en salas cinematográficas, aunque en la actualidad también emplean Internet como medio de difusión.

Por tanto, de igual manera que el espectador acude a la película tras ver el tráiler, el lector se dirige al libro para resolver el enigma propuesto por el bibliotráiler y «rellenar los vacíos del discurso generados por las diferentes elipsis secuenciales» (Tabernero-Sala, 2016, p. 27). Ambos son herramientas de marketing. De hecho, en el bibliotráiler «confluyen el cine con la literatura ya que utiliza un medio propio del séptimo arte, el tráiler, para promocionar la lectura de una obra literaria» (Rovira-Collado, 2017, p. 61) que suele estar dirigida al público infantil y juvenil. Rovira-Collado insiste en que, de esta forma, el lenguaje literario se acerca al lenguaje audiovisual, un fenómeno propio de la sociedad actual, teniendo en cuenta que «la imagen prevalece frente a la palabra y las manifestaciones de carácter breve y vivaz predominan de manera mediática» (Romero Oliva *et al.*, 2023). Con todo, podemos concluir que el libro es al bibliotráiler lo que el *film* es al tráiler y por tanto es necesario estudiar el formato para entender el objetivo que persigue: promocionar la lectura y cautivar al lector.

Al tratarse de una realidad relativamente reciente, el bibliotráiler representa un campo todavía por explorar, debido a la escasez de artículos de investigación existentes sobre su fondo y forma. Quienes se han detenido más en el mismo, lo han hecho principalmente desde el punto de vista didáctico, desde la promoción lectora y como estrategia de venta, pero no se ha abordado con la misma intensidad desde una perspectiva puramente audiovisual, por lo que nos surgen preguntas que intentaremos responder a lo largo de las siguientes páginas: ¿Qué elementos narrativos y audiovisuales conforman los bibliotráileres de literatura juvenil de los libros más recomendados en redes sociales? ¿Cómo son los relatos narrativos de literatura juvenil más recomendados en redes sociales que emplean el bibliotráiler como herramienta de promoción en la red? ¿En qué medida son productos de calidad audiovisual? ¿Con qué frecuencia el bibliotráiler se emplea como epitexto en los libros juveniles más recomendados entre iguales en redes sociales?

2.2.   BIBLIOTRÁILERES, JÓVENES LECTORES Y REDES SOCIALES

Para poder dar respuesta a estos interrogantes, emplearemos una metodología mixta, cualitativa y cuantitativa, a través del análisis de contenido, confeccionando una base de datos con información recogida durante el primer semestre de 2024 a partir de los libros más recomendados en Instagram y TikTok mediante las etiquetas «Booktokespaña» y «Bookstagramespaña», recomendaciones realizadas por aquellos bookinstagramers y booktokers de entre 1000 y 100.000 seguidores, los llamados booksinfluenciadores (Conde y Casais, 2023). Desde el año de la pandemia COVID, TikTok se ha consolidado como la red social que más ha crecido en usuarios (Estudio Anual de Redes Sociales, 2023) e Instagram sigue siendo la más utilizada por los usuarios españoles solo por detrás de WhatsApp, arrebatando a Facebook la aparentemente imbatible segunda posición que mantenía en los últimos años.

Por otro lado, se justifica la selección de TikTok e Instagram porque, según el Informe We Are Social, desde 2020 son las dos redes sociales que más descargas acumulan por jóvenes, solo por detrás de Whatsapp y Facebook Messenger (pudiendo considerar ambas aplicaciones de mensajería instantánea y no redes sociales). Además, el bibliotráiler como estrategia transmedia se caracteriza en gran medida por la posibilidad de crear comunidades que comparten dichos contenidos, siendo este el caso de las etiquetas «bookstagramespaña» (Guardado da Silva y Catanho, 2021) y «booktokespaña». En el caso de «bookstagramespaña», se han identificado 170 libros diferentes recomendados y con la etiqueta «booktokespaña», la cifra es de 95 libros. De todos ellos, solo contaban con bibliotráileres oficiales distribuidos por los autores o las editoriales 10 en TikTok y 5 en Instagram. Para seleccionar la muestra final, hemos escogido los cinco con mayor número de menciones en TikTok: *Nosotros en la luna*, *La reina roja*, *After*, *Marfil* y *Cinder*. En el caso de Instagram, los 5 forman parte de la selección final: *Harry Potter*, *Ana de las Tejas Verdes*, *The Iron Knight*, *Las marcas de la muerte* y *Una canción salvaje*.

Teniendo en cuenta lo anterior, hemos elaborado dos fichas propias para el análisis, una para las lecturas y otra para los bibliotráileres. Este conjunto de criterios ayuda a «sistematizar la información contenida en la muestra para su posterior tratamiento estadístico y conversión en resultados» (Eiroa y Barranquero, 2017, p. 114). De esta manera, podremos realizar un estudio del libro y su correspondiente bibliotráiler con categorías cuantitativas y cualitativas. A continuación, explicamos la confección de dicha ficha técnica de manera pormenorizada por categorías (Vilches, 2011).

2.3. Bibliotráiler como epitexto juvenil: el relato y su análisis

Para analizar el corpus de libros seleccionados, incluimos una primera categoría con información técnica y, seguidamente, proponemos un modelo de análisis (tabla 1) con base en el concepto de «relato» de Genette (1989, p. 81-82). Al hablar de relato, el teórico francés distingue tres conceptos: la historia (significado o contenido narrativo), el relato (enunciado o texto narrativo) y la narración (acto narrativo productor. Situación real o ficticia en que se produce). Nos centraremos en el estudio del relato por ser este «el único que se ofrece directamente al análisis textual» (Genette, 1989, p. 83). El eje vertebrador de este análisis es la concepción que el teórico francés tiene del relato como «la expansión de un verbo» (Genette, 1998, p. 86), de modo que formula los problemas del discurso narrativo con categorías tomadas de la gramática del verbo: categoría tiempo (referida a las relaciones temporales entre relato y diégesis); categoría modo (la que se refiere a las formas y grados de la representación narrativa) y, por último, la voz (la instancia narrativa y sus dos protagonistas: el narrador y su destinatario).

2.3.1. Tiempo

En la categoría de tiempo, aborda las relaciones entre tiempo de la historia y tiempo del relato, según tres determinaciones: orden, duración y frecuencia.

En el primer caso, estudiar el orden temporal de un relato es confrontar el orden de los acontecimientos con el orden de sucesión de esos mismos acontecimientos en la historia (Genette, 1989: 91). Existe una especie de grado cero, un grado de referencia más hipotético que real, que sería un estado de perfecta coincidencia temporal entre el relato y la historia. En la práctica, existen diferentes formas de discordancia entre el orden de la historia y el del relato, llamadas anacronías. Si el segmento anacrónico se orienta hacia el pasado se denomina analepsis. Por el contrario, si lo hace hacia el futuro, se denomina prolepsis.[1]

En cuanto a la segunda variable, comparar la «duración» de un relato con la de la historia que cuenta es, según Genette (1989, p. 144), una operación escabrosa. Nadie puede medir la duración de un relato, lo que se denomina así es en realidad el tiempo necesario para leerlo. Surge así un punto de referencia, o grado cero, que sería la isocronía rigurosa entre relato e historia, es decir, un relato de igual velocidad, sin aceleraciones ni aminoraciones, en el que la relación duración de la historia / longitud del relato permanecería siempre constante. Este relato no puede existir

---

[1] Genette (1989) clasifica atendiendo a su alcance (distancia temporal que la separa de la interrupción del relato en que se inserta) y amplitud (duración). Dadas las características de este trabajo no vamos a profundizar en este aspecto.

sino como experimento de laboratorio, pues por su naturaleza no puede prescindir de anisocronías. [2] Los principales movimientos narrativos son los siguientes:

— Sumario: TR<TH. [3] El tiempo del relato es inferior al de la historia. La narración discurre con más rapidez con la que los hechos suceden en la historia.

— Pausa: TR (n), TH (0). Es la lentitud infinita. En el tiempo del relato ocurre algo mientras que en la diégesis no ocurre nada.

— Elipsis: TR=0; TH=n. El tiempo del relato es cero, pues no se cuenta nada, y el tiempo de la diégesis o historia es «n», algo sucede.

— Escena: TR= TH. Velocidad narrativa en la que se da o se pretende dar una plena igualdad entre el tiempo de la historia y del relato.

Por último, al hablar de la frecuencia, Genette postula cuatro tipos de relaciones de frecuencia:

— Contar una vez lo que ha ocurrido una vez: relato singulativo.

— Contar n veces lo que ha ocurrido n veces.

— Contar n veces lo que ha ocurrido una vez. Relato repetitivo.

— Contar una sola vez (o en una sola vez) lo que ha ocurrido n veces.

2.3.2. Modo

Hace referencia a la cantidad de información que el relato ofrece al lector y al punto de vista desde el que se enfoca. Esa capacidad, y las modalidades de su ejercicio, es lo que se categoriza como modo narrativo (Genette, 1989, p. 220).

Existen dos modos narrativos básicos, la distancia y la perspectiva. En este trabajo solo nos centraremos en el segundo.

La perspectiva alude al modo de regulación de la información que procede de la elección —o no— de un punto de vista restrictivo. Genette establece una tipología de situaciones narrativas en tres términos:

1. Relato con narrador omnisciente: el narrador dice más de lo que sabe cualquier personaje.

2. Narrador = Personaje: el narrador dice lo que saben los personajes.

3. Narrador < Personaje: el narrador dice menos de lo que sabe el personaje.

Dada su preferencia por el empleo del término «focalización», renombra el primer tipo como relato no focalizado o de focalización cero. El segundo será el relato de focalización interna, ya sea fija, variable o múltiple (aunque tampoco entramos en ello). El tercer tipo será el relato con focalización externa.

---

[2] Efectos de ritmo.
[3] TR= Tiempo del relato; TH= Tiempo de la historia.

2.3.3. Voz

Al hablar de la voz, nos centraremos en dos aspectos: el tiempo de la narración y la persona. Por las características esencialmente audiovisuales de los booktráileres, no haremos mención a los niveles narrativos, a las funciones del narrador ni al narratario.

a) *Tiempo de la narración*

La principal determinación de la instancia narrativa es su posición relativa respecto de la historia. Aunque *a priori* se tienda a pensar que la narración solo puede ser posterior a lo que se cuenta, no es así. Desde el punto de vista de la posición temporal, se distinguen cuatro tipos de narración:

1. Ulterior: posición clásica del relato en el pasado, la más frecuente.
2. Anterior: relato predictivo, generalmente en el futuro, pero que nada impide conducir al presente.
3. Simultánea: relato en el presente contemporáneo de la acción.
4. Intercalada entre los momentos de la acción. Se trata de una narración en varias instancias, por lo que es bastante más compleja que las anteriores (Genette, 1989, p. 273-282).

b) *Persona*

Genette hace referencia a dos tipos de relato: uno de narrador ausente de la historia que cuenta y otro de narrador presente como personaje en la historia que cuenta. El primer tipo se conoce como heterodiegético y el segundo como homodiegético. Dentro del tipo homodiegético distinguimos dos variedades: una en el que el narrador es protagonista de su relato y otra en el que el narrador desempeña un papel secundario, que siempre es de observador y de testigo. Para la primera variedad —que representa en cierto modo el grado intenso del homodiegético— se empleará el término de autodiegético.

Hay cuatro tipos fundamentales de estatuto del narrador, atendiendo por un lado al nivel narrativo: La instancia narrativa de un relato primero es por definición extradiegética. Mientras que la instancia narrativa de un relato segundo es, por definición, diegética. Por otro lado, nos centramos en su relación con la historia —heterodiegético u homodiegético—:

1. Extradiegético-heterodiegético: narrador en primer grado que cuenta una historia de la que está ausente.
2. Extradiegético-homodiegético: narrador en primer grado que cuenta su propia historia.
3. Intradiegético-heterodiegético: narrador en segundo grado que cuenta historias de la que suele estar ausente.
4. Intradiegético-homodiegético: narrador en segundo grado que cuenta su propia historia.

2.3.4. Cronotopo

La unión espacio-tiempo ha sido analizada sobre todo por Bajtin que propone el término cronotopo para definir «la conexión esencial de relaciones temporales y espaciales asimiladas artísticamente en la literatura» (1989, p. 237).

Tabla 1. Ficha técnica del relato literario

CATEGORÍA 1: INFORMACIÓN TÉCNICA				
Variables	Valores			
Título de libro				
Autor				
Género				
Páginas				
Editorial				
Año				
CATEGORÍA 2: ANÁLISIS DEL RELATO				
Argumento				
TIEMPO				
Orden	Isocronía	Anacronías	Analepsis	
			Prolepsis	
Duración	Elipsis	Pausa	Escena	Sumario
Frecuencia	Singulativo	Iterativo		
MODO				
Perspectiva	Narrador omnisciente	Narrador = personaje	Narrador < personaje	
Focalización	Cero	Interna	Externa	
VOZ				
Tiempo de la narración	Ulterior	Anterior	Simultánea	Intercalada
Persona	Extradiegético - Heterodiegético	Extradiegético - Homodiegético	Intradiegético - Heterodiegético	Intradiegético - Homodiegético	Intradiegético - Autodiegético
CRONOTOPO				
PERSONAJES				
Identificación				
Rol				
Paradigma	Estático / Dinámico	Plano / redondo	Individual / Colectivo	

2.4. ANÁLISIS DE LOS RELATOS

2.4.1. *Nosotros en la luna*

CATEGORÍA 1: INFORMACIÓN TÉCNICA	
Variables	Valores
Título de libro	Nosotros en la luna
Autor	Alice Kellen
Género	Juvenil romántica
Páginas	480
Editorial	Planeta
Año	2020

CATEGORÍA 2: ANÁLISIS DEL RELATO	
Argumento	Rhys y Ginger se conocieron en París. Sus personalidades parecían antagónicas, pero conectaron. Pese a ello, ninguno de los dos parecía dar el paso a formar un futuro juntos. Ella logrará formar una familia y él vivirá con la pena de no haber dado nunca el paso de querer crear una historia juntos. Aun así, ambos saben que siempre les quedará la luna si algún día deciden volverse a ver.

TIEMPO

Orden	Isocronía	Anacronías	Analepsis
			Prolepsis
	X	No	

Duración	Elipsis	Pausa	Escena	Sumario
	X		X (diálogos y correos)	X

Frecuencia	Singulativo	Iterativo
	Sí	No

MODO

Perspectiva	Narrador omnisciente	Narrador = personaje	Narrador < personaje
		X (Ginger y Rhis narran)	

Focalización	Cero	Interna	Externa
		X	

VOZ

Tiempo de la narración	Ulterior	Anterior	Simultánea	Intercalada
	X			

Persona	Extradiegético - Heterodiegético	Extradiegético - Homodiegético	Intradiegético - Heterodiegético	Intradiegético - Homodiegético	Intradiegético - Autodiegético
					X

CRONOTOPO

Espacio: París, Nueva York, Londres, Los Ángeles, Ibiza
Tiempo: Actual indeterminado (contacto a través de correos electrónicos)

PERSONAJES			
Identificación	Ginger		
Rol	Protagonista		
Paradigma	Estático / **Dinámico**	Plano / **redondo**	**Individual** / Colectivo
Identificación	Rhys		
Rol	Protagonista		
Paradigma	Estático / **Dinámico**	Plano / **redondo**	**Individual** / Colectivo
Identificación	Sarah (amiga íntima de Rhys)		
Rol	Personaje secundario		
Paradigma	Estático / **Dinámico**	Plano / **redondo**	**Individual** / Colectivo
Identificación	James (amigo íntimo de Ginger)		
Rol	Personaje secundario		
Paradigma	Estático / **Dinámico**	Plano / **redondo**	**Individual** / Colectivo

2.4.2. *La reina roja*

CATEGORÍA 1: INFORMACIÓN TÉCNICA	
Variables	Valores
Título de libro	La reina roja
Autor	Victoria Aveyard
Género	Narrativa juvenil
Páginas	469
Editorial	Océano
Año	2015

CATEGORÍA 2: ANÁLISIS DEL RELATO	
Argumento	Los hechos transcurren en un lugar imaginario. En él, los habitantes se encuentran separados según el pigmento de su sangre, que puede ser roja o de color plateado. Los segundos cuentan con características especiales y, por tanto, con ventajas para evidenciar su superioridad. En el primer grupo encontramos a Mare, que debe buscarse la vida dados sus escasos recursos económicos. Sin embargo, llegará a palacio tras conocer a Cal y allí conocerá que pertenece a los plateados y que será utilizada para aplacar a los rojos casándose con el hermano de Cal. Ella, sin embargo, tiene otros planos infiltrándose en un plan para acabar con el poder.

TIEMPO			
Orden	Isocronía	Anacronías	Analepsis
			Prolepsis
		X	Analepsis
Duración	Elipsis	Pausa	Escena	Sumario
	X		X (diálogos)	X
Frecuencia	Singulativo		Iterativo
	X		

MODO			
Perspectiva	Narrador omnisciente	Narrador = personaje	Narrador < personaje
		X	
Focalización	Cero	Interna	Externa
		X	
VOZ			
Tiempo de la narración	Ulterior	Anterior	Simultánea	Intercalada
			X	
Persona	Extradiegético - Heterodiegético	Extradiegético - Homodiegético	Intradiegético - Heterodiegético	Intradiegético - Homodiegético	Intradiegético - Autodiegético
					X
CRONOTOPO					
Espacio: comarca de Valle Primordial, comarca de los Lagos, ciudades como Los Pilares, Arcón, mansión del Sol Tiempo: Nueva era. Década del año 300					
PERSONAJES			
Identificación	Kilorn Warren		
Rol	Personaje secundario		
Paradigma	Estático / **Dinámico**	Plano / **redondo**	**Individual** / Colectivo
Identificación	Agentes de seguridad		
Rol	Personaje secundario		
Paradigma	**Estático** / Dinámico	**Plano** / redondo	Individual / **Colectivo**
Identificación	Colosos		
Rol	Personaje secundario		
Paradigma	**Estático** / Dinámico	**Plano** / redondo	Individual / **Colectivo**
Identificación	Gisa		
Rol	Personaje secundario (hermana de Mare)		
Paradigma	Estático / **Dinámico**	Plano / **redondo**	**Individual** / Colectivo
Identificación	Mare		
Rol	Protagonista		
Paradigma	Estático / **Dinámico**	Plano / **redondo**	**Individual** / Colectivo
Identificación	Farley		
Rol	Personaje secundario		
Paradigma	Estático / **Dinámico**	Plano / **redondo**	**Individual** / Colectivo
Identificación	Cal (príncipe heredero)		
Rol	Personaje secundario		
Paradigma	Estático / **Dinámico**	Plano / **redondo**	**Individual** / Colectivo
Identificación	Shade		
Rol	Personaje secundario (hermano de Mare)		

Paradigma	Estático / **Dinámico**	Plano / **redondo**	**Individual** / Colectivo
Identificación	Rey Tiberias		
Rol	Personaje secundario		
Paradigma	Estático / **Dinámico**	Plano / **redondo**	**Individual** / Colectivo
Identificación	Lady Evangeline		
Rol	Personaje secundario (prometida de Cal)		
Paradigma	Estático / **Dinámico**	Plano / **redondo**	**Individual** / Colectivo
Identificación	Julián		
Rol	Personaje secundario (ayudante de Mare)		
Paradigma	Estático / **Dinámico**	Plano / **redondo**	**Individual** / Colectivo
Identificación	Maven		
Rol	Personaje secundario (prometido de Mare)		
Paradigma	Estático / **Dinámico**	Plano / **redondo**	**Individual** / Colectivo
Identificación	Reina Elara		
Rol	Personaje secundario		
Paradigma	Estático / **Dinámico**	Plano / **redondo**	**Individual** / Colectivo

2.4.3. *After*

CATEGORÍA 1: INFORMACIÓN TÉCNICA	
Variables	Valores
Título de libro	After (libro 1 de 5)
Autor	Anna Todd
Género	Narrativa juvenil romántica
Páginas	592
Editorial	Planeta
Año	2014

CATEGORÍA 2: ANÁLISIS DEL RELATO	
Argumento	Tessa comienza su primer año en la universidad. Allí, su vida comenzará a cambiar. Siempre había estado preocupada por sus estudios, siendo responsable. Pero la vida en el campus cambiará su destino, sobre todo, tras conocer a Hardin, un compañero de clase del que se enamorará, aunque todo resultará ser una farsa que acabaría siendo el inicio de una posible y futura historia de amor.

TIEMPO				
Orden	Isocronía	Anacronías	Analepsis	
			Prolepsis	
	X			
Duración	Elipsis	Pausa	Escena	Sumario
	X		X	X

Frecuencia	Singulativo		Iterativo		
	X				

MODO					
Perspectiva	Narrador omnisciente		Narrador = personaje		Narrador < personaje
			X		
Focalización	Cero		Interna		Externa
			X		

VOZ					
Tiempo de la narración	Ulterior	Anterior	Simultánea		Intercalada
			X		
Persona	Extradiegético - Heterodiegético	Extradiegético - Homodiegético	Intradiegético - Heterodiegético	Intradiegético - Homodiegético	Intradiegético - Autodiegético
					narradores Hardin y Tessa, aunque al principio solo Tessa)

CRONOTOPO					
Espacio: campus universitario en EE. UU. Tiempo: Actual indeterminado (primer año de universidad de Hardin y Tessa)					

PERSONAJES					
Identificación	Tessa				
Rol	Protagonista				
Paradigma	Estático / **Dinámico**		Plano / **redondo**	**Individual** / Colectivo	
Identificación	Hardin				
Rol	Protagonista				
Paradigma	Estático / **Dinámico**		Plano / **redondo**	**Individual** / Colectivo	
Identificación	Zed				
Rol	Personaje secundario (amigo de Hardin)				
Paradigma	Estático / **Dinámico**		Plano / **redondo**	**Individual** / Colectivo	
Identificación	Noah				
Rol	Personaje secundario (novio de Tessa)				
Paradigma	Estático / **Dinámico**		Plano / **redondo**	**Individual** / Colectivo	
Identificación	Carol				
Rol	Personaje secundario (madre de Tessa))				
Paradigma	Estático / **Dinámico**		Plano / **redondo**	**Individual** / Colectivo	
Identificación	Landon				
Rol	Personaje secundario (hermanastro de Hardin y mejor amigo de Tessa)				
Paradigma	Estático / **Dinámico**		Plano / **redondo**	**Individual** / Colectivo	

2.4.4. *Marfil*

CATEGORÍA 1: INFORMACIÓN TÉCNICA	
Variables	Valores
Título de libro	Marfil (Enfrentados)
Autor	Mercedes Ron
Género	Narrativa juvenil
Páginas	448
Editorial	Montena
Año	2019

CATEGORÍA 2: ANÁLISIS DEL RELATO			
Argumento	Marfil es una chica de unos veinte años de familia adinerada que comienza sus estudios en Nueva York. Un día mientras practica deporte por Central Park es secuestrada. A pesar de que es liberada sana y salva, su padre decide contratar un guardaespaldas, ya que interpreta el secuestro como un aviso de que pueden acceder a su hija y hacerle mucho daño. De modo que contrata un guardaespaldas, Sebastian Moore, cuya función es mantenerla vigilada las 24 horas el día. Algo que no será tarea fácil pues la atracción que sienten él y Marfil va a tensionando la trama y dando paso a esclarecer algunos interrogantes del pasado de la protagonista		

TIEMPO			
Orden	Isocronía	Anacronías	Analepsis
			Prolepsis
	X (con escasas analepsis)		
Duración	Elipsis	Pausa	Escena	Sumario
	X		X	X
Frecuencia	Singulativo		Iterativo
	X		

MODO			
Perspectiva	Narrador omnisciente	Narrador = personaje	Narrador < personaje
		X	
Focalización	Cero	Interna	Externa
		X (Marfil y Sebastián)	

VOZ				
Tiempo de la narración	Ulterior	Anterior	Simultánea	Intercalada
	X			
Persona	Extradiegético - Heterodiegético	Extradiegético - Homodiegético	Intradiegético - Heterodiegético	Intradiegético - Homodiegético	Intradiegético - Autodiegético
					X

CRONOTOPO
Espacio: Nueva York Tiempo: indeterminado

PERSONAJES			
Identificación	Marfil Cortés		
Rol	Protagonista		
Paradigma	Estático / **Dinámico**	Plano / **redondo**	**Individual** / Colectivo
Identificación	Sebastian Moore		
Rol	Coprotagonista		
Paradigma	Estático / **Dinámico**	Plano / **redondo**	**Individual** / Colectivo
Identificación	Gabriella Cortés		
Rol	Personaje secundario (hermana de Marfil)		
Paradigma	Estático / **Dinámico**	Plano / **redondo**	**Individual** / Colectivo
Identificación	Alejandro Cortés		
Rol	Personaje secundario (padre de Marfil)		
Paradigma	Estático / **Dinámico**	Plano / **redondo**	**Individual** / Colectivo
Identificación	Liam Michaelson		
Rol	Personaje secundario (amigo de Marfil)		
Paradigma	Estático / **Dinámico**	Plano / **redondo**	**Individual** / Colectivo
Identificación	Tami		
Rol	Personaje secundario (amiga de Marfil)		
Paradigma	Estático / **Dinámico**	Plano / **redondo**	**Individual** / Colectivo

2.4.5. *Cinder*

CATEGORÍA 1: INFORMACIÓN TÉCNICA	
Variables	Valores
Título de libro	Cinder (Crónicas lunares)
Autor	Marissa Meyer
Género	Narrativa juvenil, ciencia ficción
Páginas	432
Editorial	Montena
Año	2012

CATEGORÍA 2: ANÁLISIS DEL RELATO	
Argumento	Cinder trabaja en un taller. Su vida era normal, pero vivir en Nuevo Pekín entraña riesgos demoledores y el mal mayor parece ser un virus mortal. Su llega a una clínica le hará encontrarse con el doctor Erland. Allí descubrirá Cinder que, aun pesando toda la vida que era una persona normal, resultará pertenecer al mundo lunar. Entonces, nada volverá a ser como antes y menos cuando la reina Levana intente matarla sabiendo que puede ocupar su trono.

TIEMPO			
Orden	Isocronía	Anacronías	Analepsis
			Prolepsis
	X		

Duración	Elipsis	Pausa	Escena	Sumario
	X		X (diálogos)	X
Frecuencia	Singulativo		Iterativo	
	X			

MODO				
Perspectiva	Narrador omnisciente		Narrador = personaje	Narrador < personaje
	X			
Focalización	Cero		Interna	Externa
	X			

VOZ				
Tiempo de la narración	Ulterior	Anterior	Simultánea	Intercalada
	X			
Persona	Extradiegético - Heterodiegético	Extradiegético - Homodiegético	Intradiegético - Heterodiegético	Intradiegético - Homodiegético	Intradiegético - Autodiegético
	X				

CRONOTOPO
Espacio: Nueva Pekín Tiempo: Más de 100 años después de WWIV

PERSONAJES			
Identificación	Cinder		
Rol	Protagonista		
Paradigma	Estático / **Dinámico**	Plano / **redondo**	Individual / **Colectivo**
Identificación	Príncipe Kaito		
Rol	Coprotagonista		
Paradigma	Estático / **Dinámico**	Plano / **redondo**	Individual / **Colectivo**
Identificación	Peony		
Rol	Personaje secundario (hemanastra de Cinder)		
Paradigma	Estático / **Dinámico**	Plano / **redondo**	Individual / **Colectivo**
Identificación	Erland		
Rol	Personaje secundario (doctor)		
Paradigma	Estático / **Dinámico**	Plano / **redondo**	Individual / **Colectivo**
Identificación	Iko		
Rol	Personaje secundario (androide. Amigo de Cinder)		
Paradigma	Estático / **Dinámico**	Plano / **redondo**	Individual / **Colectivo**
Identificación	Reina Levana (antagonista)		
Rol	Personaje secundario		
Paradigma	Estático / **Dinámico**	Plano / **redondo**	Individual / **Colectivo**
Identificación	Sybil Mira		

Rol	Personaje secundario (embajadora lunar)		
Paradigma	Estático / **Dinámico**	Plano / **redondo**	Individual / **Colectivo**

2.4.6. *Harry Potter*

CATEGORÍA 1: INFORMACIÓN TÉCNICA	
Variables	Valores
Título de libro	Harry Potter
Autor	JK Rowling
Género	Narrativa juvenil fantástica
Páginas	7 libros (promoción de la saga completa)
Editorial	Scholastic
Año	1998

CATEGORÍA 2: ANÁLISIS DEL RELATO	
Argumento	La saga de Harry Potter es ya un clásico de la literatura juvenil. Tras llegar a la Escuela de Hogwarts y descubrir que era un mago, su vida cambiará para siempre. Allí conocerá a sus amigos Ron y Hermione, así como a Hagrid, Dumbeldord, Dobby, Snape o la señorita Mcgonagall, pero también a su archienemigo: Lord Voldemort. Aparecerán dementores, el basilisco, su padrino Sirius Black, horrocruxes ... todos serán necesarios para explicar por qué Voldemort quiere acabar con la vida de Harry cuando ya se la arrebató a sus padres.

TIEMPO			
Orden	Isocronía	Anacronías	Analepsis
			Prolepsis
	X (con escasas analepsis)		Analepsis
Duración	Elipsis	Pausa	Escena	Sumario
	X		X	X
Frecuencia	Singulativo		Iterativo
	X		

MODO		
Perspectiva	Narrador omnisciente	Narrador = personaje	Narrador < personaje
	X		
Focalización	Cero	Interna	Externa
	X		

VOZ			
Tiempo de la narración	Ulterior	Anterior	Simultánea	Intercalada
	X			
Persona	Extradiegético - Heterodiegético	Extradiegético - Homodiegético	Intradiegético - Heterodiegético	Intradiegético - Homodiegético	Autodiegético
	X				

CRONOTOPO			
Espacio: Inglaterra y mundo mágico (Hogwarts, primordialmente) Tiempo: Pasado indeterminado			
PERSONAJES			
Identificación	Harry Potter		
Rol	Protagonista		
Paradigma	Estático / **Dinámico**	Plano / **redondo**	Individual / **Colectivo**
Identificación	Ron Weasley		
Rol	Personaje secundario (Amigo de Harry		
Paradigma	Estático / **Dinámico**	Plano / **redondo**	Individual / **Colectivo**
Identificación	Hermione Granger		
Rol	Protagonista		
Paradigma	Estático / **Dinámico**	Plano / **redondo**	Individual / **Colectivo**
Identificación	Lord Voldemort		
Rol	Antagonista		
Paradigma	Estático / **Dinámico**	Plano / **redondo**	Individual / **Colectivo**

2.4.7. *Ana la de Tejas Verdes*

CATEGORÍA 1: INFORMACIÓN TÉCNICA	
Variables	Valores
Título de libro	Ana la de Tejas Verdes
Autor	Lucy Maud Montogmery
Género	Narrativa juvenil
Páginas	344
Editorial	Edelvives
Año	2023 (clásico reeditado)
CATEGORÍA 2: ANÁLISIS DEL RELATO	
Argumento	Ana llega al pueblo de Avonlea adoptada por Matthew y Marilla Cuthbert. Lo hacían porque querían que alguien pudiera cuidad de Tejas Verdes, su granja en el pueblo. Pero esa pequeña niña pelirroja tenía planes más ambiciosos. Pronto consiguió ganarse al pueblo de Avonlea y será ella a través de sus historias la que nos enseñe este pintoresco lugar. La personalidad tan especial de Ana ha conseguido convertir el libro en un clásico de la literatura candiense.

TIEMPO			
Orden	Isocronía	Anacronías	Analepsis
			Prolepsis
	X	No	
Duración	Elipsis	Pausa	Escena	Sumario
	X		(diálogos)	X
Frecuencia	Singulativo		Iterativo

	Sí		No	
MODO				
Perspectiva	Narrador omnisciente	Narrador = personaje	Narrador < personaje	
	X			
Focalización	Cero	Interna	Externa	
	X			
VOZ				
Tiempo de la narración	Ulterior	Anterior	Simultánea	Intercalada
	X			
Persona	Extradiegético - Heterodiegético	Extradiegético - Homodiegético	Intradiegético - Heterodiegético	Intradiegético - Homodiegético / Intradiegético - Autodiegético
	X			
CRONOTOPO				
	Espacio: Avonlea Tiempo: siglo XIX			
PERSONAJES				
Identificación	Ana			
Rol	Protagonista			
Paradigma	Estático / **Dinámico**	Plano / **redondo**	Individual / **Colectivo**	
Identificación	Matthew Cuthbert (padre adoptivo de Ana)			
Rol	Personaje secundario (padre de Ana)			
Paradigma	Estático / **Dinámico**	Plano / **redondo**	Individual / **Colectivo**	
Identificación	Marilla Cuthbert			
Rol	Personaje secundario (madre adoptiva de Ana)			
Paradigma	Estático / **Dinámico**	Plano / **redondo**	Individual / **Colectivo**	
Identificación	Diana Barry			
Rol	Personaje secundario (mejor amiga de Ana)			
Paradigma	Estático / **Dinámico**	Plano / **redondo**	Individual / **Colectivo**	
Identificación	Gilbert Blythe			
Rol	Personaje secundario (amigo romántico de Ana)			
Paradigma	Estático / **Dinámico**	Plano / **redondo**	Individual / **Colectivo**	

2.4.8. *The Iron Knight*

CATEGORÍA 1: INFORMACIÓN TÉCNICA	
Variables	Valores
Título de libro	The Iron Knight (El caballero de hierro) (Darkiss, n.º 4)
Autor	Julie Kagawa

Género	Narrativa juvenil
Páginas	480
Editorial	Harlequin Ibérica
Año	2013

CATEGORÍA 2: ANÁLISIS DEL RELATO

Argumento	Encuadrado en la corriente «urban fantasy», este último libro de la saga El hada de hierro nos presenta una aventura salpicada de mucho suspense, luchas continuas, fuerzas mágicas y pruebas aparentemente insalvables. Todo un periplo que protagonizarán dos personajes más que conocidos en la saga: Ash, príncipe del reino de Invierno, y Puck (Goodfellow), pícaro de la corte de Verano. Inseparables amigos y enemistados personajes en las tres entregas anteriores, ahora unirán su fuerza, junto a un astuto gato y un poderoso lobo, para conseguir el objetivo de Ash: encontrar la manera de convertirse en humano y así poder pasar el resto de sus días con Meghan Chase, reina de Hierro, que protagoniza otras entregas de la serie pero que, en esta ocasión, solo aparece al final del libro.

TIEMPO

Orden	Isocronía	Anacronías	Analepsis / Prolepsis
	(la mayor parte del tiempo) X		Analepsis (muy pocas)

Duración	Elipsis	Pausa	Escena	Sumario
			X	X

Frecuencia	Singulativo		Iterativo
	X		

MODO

Perspectiva	Narrador omnisciente	Narrador = personaje	Narrador < personaje
		X (Goodfellow al inicio del libro. Ash el resto del libro)	

Focalización	Cero	Interna	Externa
		X	

VOZ

Tiempo de la narración	Ulterior	Anterior	Simultánea	Intercalada
			X	

Persona	Extradiegético - Heterodiegético	Extradiegético - Homodiegético	Intradiegético - Heterodiegético	Intradiegético - Homodiegético
				X

CRONOTOPO

Espacio: Mundo fantástico: naturaleza, reinos y cortes
Tiempo: indeterminado

PERSONAJES

Identificación	Ash
Rol	Protagonista

Paradigma	Estático / **Dinámico**	Plano / **redondo**	**Individual** / Colectivo
Identificación		Goodfellow	
Rol		Ayudante de protagonista	
Paradigma	Estático / **Dinámico**	Plano / **redondo**	**Individual** / Colectivo
Identificación		Grimalkin	
Rol		Personaje secundario (el gato)	
Paradigma	Estático / **Dinámico**	Plano / **redondo**	**Individual** / Colectivo
Identificación		Gran lobo feroz	
Rol		Personaje secundario	
Paradigma	Estático / **Dinámico**	Plano / **redondo**	**Individual** / Colectivo
Identificación		Ariella	
Rol		Personaje secundario (primer amor del protagonista)	
Paradigma	Estático / **Dinámico**	Plano / **redondo**	**Individual** / Colectivo

2.4.9. *Las marcas de la muerte*

CATEGORÍA 1: INFORMACIÓN TÉCNICA	
Variables	Valores
Título de libro	Las marcas de la muerte
Autor	Veronica Roth
Género	Ficción juvenil
Páginas	496
Editorial	RBA Molino
Año	2017

CATEGORÍA 2: ANÁLISIS DEL RELATO	
Argumento	Mientras Akos, era thuvesita y vivía en Hessa y se encuentra a la espera de conocer su destino, Cyra pertenece al grupo enemigo de Shotet. Ella, por su parte, tiene el don de provocar y recibir dolor por la corriente. Su hermano secuestrará a Akos y su hermano, a punto de convertirse en un oráculo capaz de ver el futuro y el destino. Dos familias enfrentadas por la corriente. ¿Cuál será entonces el destino de Akos y Hessa?

	TIEMPO		
Orden	Isocronía	Anacronías	Analepsis
			Prolepsis
	X		Escasas analepsis
Duración	Elipsis	Pausa	Escena	Sumario
	X		X	X
Frecuencia	Singulativo		Iterativo
	X		

	MODO		
Perspectiva	Narrador omnisciente	Narrador = personaje	Narrador < personaje

	X		
Focalización	Cero	Interna	Externa
	X		

VOZ				
Tiempo de la narración	Ulterior	Anterior	Simultánea	Intercalada
	X			

Persona	Extradiegético - Heterodiegético	Extradiegético - Homodiegético	Intradiegético - Heterodiegético	Intradiegético - Homodiegético	Intradiegético - Autodiegético
	X (capítulos de Akos)			X (capítulos de Cyra)	

CRONOTOPO

Espacio: ciudades de Shotet y Hessa. Su planeta nación es Thuvhe. Mundo formado por diversos planetas nación que convergen en la Asamblea
Tiempo: indeterminado

PERSONAJES

Identificación	Akos Kereseth		
Rol	Protagonista		
Paradigma	Estático / **Dinámico**	Plano / **redondo**	**Individual** / Colectivo
Identificación	Cyra Noavek		
Rol	Protagonista		
Paradigma	Estático / **Dinámico**	Plano / **redondo**	**Individual** / Colectivo
Identificación	Akos		
Rol	Protagonista		
Paradigma	Estático / **Dinámico**	Plano / **redondo**	**Individual** / Colectivo
Identificación	Ejeh		
Rol	Personaje secundario (hermano de Akos)		
Paradigma	Estático / **Dinámico**	Plano / **redondo**	**Individual** / Colectivo
Identificación	Cisi		
Rol	Personaje secundario (hermana de Akos)		
Paradigma	Estático / **Dinámico**	Plano / **redondo**	**Individual** / Colectivo
Identificación	Sifa		
Rol	Personaje secundario (madre de Akos)		
Paradigma	Estático / **Dinámico**	Plano / **redondo**	**Individual** / Colectivo
Identificación	Ori		
Rol	Personaje secundario (amiga de la familia)		
Paradigma	Estático / **Dinámico**	Plano / **redondo**	**Individual** / Colectivo
Identificación	Lazmet Noavek		
Rol	Personaje secundario (padre de Cyra)		
Paradigma	Estático / **Dinámico**	Plano / **redondo**	**Individual** / Colectivo

2.4.10. *Una canción salvaje*

CATEGORÍA 1: INFORMACIÓN TÉCNICA	
Variables	Valores
Título de libro	Una canción salvaje
Autor	Victoria Schwab
Género	Narrativa juvenil fantasía
Páginas	416
Editorial	Ediciones Urano
Año	2018

CATEGORÍA 2: ANÁLISIS DEL RELATO	
Argumento	Kate es una joven conflictiva que ha ido pasando por varios internados hasta que convence a su padre para volver a la ciudad, ya que siente la necesidad de demostrarle que es tan malvada como él. August es un monstruo con apariencia humana que vive bajo las órdenes de Henry Flynn y es capaz de robar las almas con una canción. A pesar de que representan mundos antagónicos, sus vidas se irán uniendo tras coincidir en la Academia Colton.

TIEMPO			
Orden	Isocronía	Anacronías	Analepsis
			Prolepsis
	X (con escasas analepsis)		
Duración	Elipsis	Pausa	Escena	Sumario
			X	X
Frecuencia	Singulativo		Iterativo
	X		

MODO			
Perspectiva	Narrador omnisciente	Narrador = personaje	Narrador < personaje
	X		
Focalización	Cero	Interna	Externa
	X		

VOZ			
Tiempo de la narración	**Ulterior**	Anterior	Simultánea	Intercalada
Persona	Extradiegético - Heterodiegético	Extradiegético - Homodiegético	Intradiegético - Heterodiegético	Intradiegético - Homodiegético
	X			

CRONOTOPO
Espacio: Verity Tiempo: indeterminado

PERSONAJES			
Identificación		Kate Harker	
Rol		protagonista	
Paradigma	Estático / **Dinámico**	Plano / **redondo**	**Individual** / Colectivo
Identificación		August Flynn	
Rol		protagonista	
Paradigma	Estático / **Dinámico**	Plano / **redondo**	**Individual** / Colectivo
Identificación		Callum Harker	
Rol		Personaje secundario (padre de Kate)	
Paradigma	Estático / **Dinámico**	Plano / **redondo**	**Individual** / Colectivo
Identificación		Henry Flinn	
Rol		Personaje secundario (padre de August)	
Paradigma	Estático / **Dinámico**	Plano / **redondo**	**Individual** / Colectivo

2.5. ANÁLISIS DE BIBLIOTRÁILERES

A continuación, detallamos la ficha técnica elaborada para el análisis audiovisual del bibliotráiler. La primera categoría está compuesta de nuevo por una breve ficha técnica. Para la clasificación por géneros del bibliotráiler, se emplea el listado propuesto por Robert McKee (2002, p. 66-68). Cabe destacar también el indicativo temporal en el caso del bibliotráiler que, según Tabernero-Sala (2016), debe oscilar entre los 30 segundos y los tres minutos.

En el caso de la segunda categoría, nos centramos en la estructura narrativa: tenemos en cuenta para ello una breve descripción de cada parte (o la voz narrativa entrecomillada), así como el tiempo que ocupa cada una en el bibliotráiler. De esta forma, observaremos si opera la división clásica en tres actos recogida por el paradigma de Syf Field (1979) y sustentada en primera instancia por el filósofo Aristóteles: introducción o planteamiento, nudo o desarrollo y desenlace, ya que «las historias no son más que nudos (complicaciones o conflictos) en las que tan solo hay que decidir cómo se provocan (planteamiento) y cómo se deshacen (desenlace)» (Sánchez-Escalonilla, 2001, p. 118). A la estructura clásica en tres actos añadiremos el clímax. Se justifica su presencia porque es una parte de la trama localizada al final que, si bien no tiene por qué estar cargada de ruido y violencia, «por el contrario, sí debe rebosar significado» (McKee, 2002, p. 234). Es importante conocer también el tipo de narrador en la historia escrita y en la audiovisual. Para ello, distinguiremos entre:

— Narrador extradiegético: «Ajeno a la acción de los personajes. (…) El autor se narra como ausente» (Sánchez-Escalonilla, 2001, p. 68).

— Narrador intradiegético: «El creador del relato aparece dentro del argumento» Sánchez-Escalonilla, 2001, p. 69). Suelen ser personajes protagonistas o secundarios. (Sánchez-Escalonilla, 2001).

Además, se tendrá en cuenta la manera en la que la narración busca la complicidad con el lector, teniendo en cuenta los parámetros introducidos por Romero Oliva *et al.* (2023): presencia de formas imperativas, imagen, preguntas, suspensión y voz.

Pasamos a la categoría número 3 para conocer a los personajes y esclarecer cuáles adquieren relevancia en la narración visual. En la caracterización de personajes, Sánchez Alonso (1998) incluye tres parámetros básicos que analizaremos en este caso:

— Su descripción física (lo que el autor define como prosopografía).
— Su descripción psicológica (hábitos y conducta).
— La relación que existe entre los personajes.

En las categorías 4 y 5, el tiempo y el espacio serán estudiados para conocer qué elementos de la historia aparecen en el bibliotráiler. En el caso del tiempo, se tendrá en cuenta la horquilla temporal en la que transcurren los hechos, el tiempo histórico y el tipo de orden según Casetti y di Chio (1990, p. 153), que puede ser:

— Tiempo circular: Comienzo y final idéntico.
— Tiempo cíclico: Comienzo y final similar, pero no idéntico.
— Tiempo lineal vectorial: Comienzo y final distintos, «con un orden continuo y homogéneo» (1990, p. 153).
— Tiempo lineal no vectorial: Comienzo y final distintos, con «orden dishomogéneo, fracturado, privado de soluciones de continuidad» (1990, p. 153). *Con flashbacks* (igual que la analepsis literaria) y *flashforwards* (igual que la prolepsis literaria).

En la ficha de análisis del bibliotráiler se incluye una sexta categoría de recursos técnicos que será la que nos permita realizar un análisis fílmico de dicho formato. Comenzaremos estudiando el tipo de tráiler que es según la clasificación realizada por Kernan (2004): retórica del estrellato (la importancia del personaje principal), retórica de la historia o retórica del género. Dentro de ella, los planos que conforman el bibliotráiler completo nos aportan información básica para realizar el análisis fílmico. Para ello, tenemos en cuenta diferentes aspectos en lo que Brisset (2018) define como banda imagen: la tipología de planos en función de su tamaño, angulación, movimiento de cámara y duración, pues esto, más allá de la información técnica que pueda aportar, nos ayuda a significar dichas decisiones audiovisuales.

No solo aporta significado la imagen, también el sonido. Gil Pons (2010) considera que la banda sonora la conformaban la música, los diálogos y el ruido. El montaje es otro elemento principal. Por ello, nos centramos en conocer cómo operan en el bibliotráiler las leyes fundamentales explicadas por Marcel Martin (1962): la secuencia material, que muestra cómo se pasa de un plano a otro de forma inmediata; la tensión psicológica, para generar tensión en el espectador y, por último, la progresión dramática, que hace avanzar la narración, por lo que «cada plano aporta nuevos datos» (Martin, 1962, p. 150). Para la iluminación, distinguimos entre el color (luz cálida o fría), y la intensidad (dura o suave) (Gómez Tarín, 2015). También se incluyen los elementos gráficos como recurso técnico al identificar las animaciones y los rótulos como elementos recurrentes del bibliotráiler tras el visionado de todos ellos.

Para acabar se incluye una séptima categoría con los elementos que, según la ficha de análisis de Tabernero-Sala (2016), debe tener un bibliotráiler de calidad y que Romero-Oliva recogió *a posteriori* definiéndolo como paratextos del libro objeto. Entre ellos destaca la elipsis, definida a su vez en el plano cinematográfico como recurso narrativo en el que «se presentan únicamente los fragmentos significativos de un relato (…) escenas sugerentes y no secuenciales que alargarían las secuencias narrativas tanto como la vida misma» (Fernández Díez y Martínez Abadía, 1999, p. 83). Pese a encontrarse en esta categoría, la elipsis y la suspensión se analizan junto a las categorías 2, 3, 4 y 5, de estructura, personajes, tiempo y espacio.

Tabla 2. Ficha técnica del bibliotráiler

CATEGORÍA 1: INFORMACIÓN TÉCNICA					
Variables	Valores				
Título					
Autor/director					
Productor					
Género					
Duración					
Año					
Link					
CATEGORÍA 2: NARRATIVA					
ESTRUCTURA					
Introducción	Nudo		Clímax	Desenlace	Observaciones
NARRADOR					
Intradiegético	Extradiegético	Búsqueda de la complicidad con lector			Observaciones
		Formas imperativas	Imagen	Preguntas	Suspensión	Voz
CATEGORÍA 3: PERSONAJES					
Nombre	Rol (Protagonista/ antagonista/Secundario)	Rasgos físicos	Rasgos psicológicos	Relación con otros personajes	Observaciones

CATEGORÍA 4: TIEMPO			
Horquilla temporal	Tiempo histórico	Orden Temporal	Cbservaciones

CATEGORÍA 5: ESPACIO	
Lugar de los hechos	Observaciones

CATEGORÍA 6: RECURSOS TÉCNICOS				
TIPO DE BIBLIOTRÁILER				
Retórica del estrellato		Retórica de la historia		Retórica del género
TIPOLOGÍA DE PLANOS				
Número	Tamaño[4]	Angulación	Movimiento de cámara	Duración	Observaciones
SONIDO				
Música		Diálogos	Ruido	Observaciones
MONTAJE				
Secuencia material		Tensión psicológica	Progresión dramática	Observaciones
ILUMINACIÓN				
Cálida/ fría		Dura/ suave	Observaciones	
RECURSOS GRÁFICOS				
Rótulos		Animación		

CATEGORÍA 7: ELEMENTOS DEL BIBLIOTRÁILER					
Datos propios del libro/Paratextos del libro objeto					
Autor	Textos seleccionados del libro original	Título	Editorial	Fecha publicación	Disponibilidad/ Puntos de venta

Hipertextualidad

Intertextualidad

Metaficción

Perspectiva objetual del libro

Elipsis

Suspense

---

[4] PPP: Primerísimo primer plano / PP: Primer plano / PC: Plano corto / PMC: Plano medio corto / PM: Plano medio / PML: Plano medio largo / PL: Plano largo / PF: Plano figura / PE: Plano entero / PG: Plano general / GPG: Gran plano general.

2.5.1. *Nosotros en la luna*

CATEGORÍA 1: INFORMACIÓN TÉCNICA	
Variables	Valores
Título	Alice Kellen, nuevo libro «Nosotros en la luna»
Autor/ director	No aparece
Productor	Planeta de libros Argentina
Género	Historia de amor
Duración	0:41
Año	2021
Link	https://www.youtube.com/watch?v=DURq1FprA6k

CATEGORÍA 2: NARRATIVA			
2.1. ESTRUCTURA			
Introducción	Nudo	Clímax	Desenlace
0:00-0:05 «Cuando Rhys y Ginger se conocen en París no imaginan que sus vidas se unirán para siempre»	0:06-0:18 «Ella se siente tan perdida que se ha olvidado hasta de sus propios sueños. Él es incapaz de quedarse quieto en ningún lugar y cree saber quién es»	0:19-0:24 «¿Es posible colgarse de la luna junto a otra persona sin poner en riesgo el corazón?»	0:25-0:41 Presentación del libro y puntos de venta

2.2. NARRADOR					
Extradiegético	Búsqueda de la complicidad con lector				Observaciones
	Formas imperativas	Imagen	Preguntas	Suspensión	Voz	
Mediante rótulos		París y la luna	«¿Es posible colgarse de la luna junto a otra persona sin poner en riesgo el corazón?»			Apela a tópicos del género romántico: Sueños, sus vidas se unirán para siempre, colgarse de la luna, poner en riesgo el corazón

CATEGORÍA 3: PERSONAJES				
Nombre	Rol (Protagonista/ antagonista/secundario)	Rasgos físicos	Rasgos psicológicos	Relación con otros personajes
Rhys	protagonista	No aparece	Inquieto	Conoce a Ginger en París
Ginger	protagonista	No aparece	Perdida	Conoce a Rhys en París

CATEGORÍA 4: TIEMPO		
Horquilla temporal	Tiempo histórico	Orden Temporal
Indeterminada (desde que Rhys y Ginger se conocen en París)	Indeterminado	Tiempo lineal vectorial

CATEGORÍA 5: ESPACIO	
Lugar de los hechos	Observaciones
París	

CATEGORÍA 6: RECURSOS TÉCNICOS		

TIPO DE BIBLIOTRÁILER		
Retórica del estrellato	**Retórica de la historia**	Retórica del género

Tipología de planos

N.º	Tamaño	Angulación	Movimiento de cámara	Duración	Observaciones
1	Rótulo	Central	Zoom in o travelling in	0:00-0:04 (4 segundos)	Cielo estrellado con nubes. «Cuando Rhys y Ginger se conocen en París no imaginan que sus vidas se unirán para siempre»
2	PG	Central	Travelling in	0:05-0:11 (6 segundos)	Ciudad de París. «Ella se siente tan perdida que se ha olvidado hasta de sus propios sueños»
3	Rótulo	Central	Ligero tilt down	0:12-0:18 (6 segundos)	Cielo estrellado. ‹Él es incapaz de quedarse quieto en ningún lugar y cree saber quién es»
4	Rótulo	Central	Fijo	0:19-0:27 (8 segundos)	Luna llena. «¿Es posible colgarse de la luna junto a otra persona sin poner en riesgo el corazón?»
5	Rótulo	Central	Animación	0:27-0:36 (9 segundos)	Presentación libro
6	Rótulo	Central	Animación	0:37-0:41 (4 segundos)	«Creemos en los libros»

SONIDO		
Música	Diálogos	Ruido
Romantic. Luca Francini	Sin diálogo	Sin ruido

MONTAJE			
Secuencia material	Tensión psicológica	Progresión dramática	Observ.
Al corte los planos. Fundidos entre los rótulos. Coherencia entre planos. Mismo estilo en la rotulación. Planos generales acorde con la temática del cielo y la luna, así como la estampa nocturna de París	A través de los rótulos explicativos, se explica el conflicto de Rhys y Ginger	A través de los rótulos explicativos, la trama avanza y conocemos el conflicto que se les presenta a los personajes sobre su devenir individual y también en pareja	Montaje monótono, sucesión de rótulos

ILUMINACIÓN		
Cálida/ **fría**	**Dura**/ suave	Observaciones
		Tonalidad en su mayoría fría (excepto el plano general de París, donde predomina la luz calida). No podemos entrar en detalles al ser solo animación

RECURSOS GRÁFICOS	
Rótulos	**Animación**
Presencia de los rótulos para la narración y también para la presentación del libro y puntos de venta digital	Rótulos e imágenes de fondo. Libro presentado en formato animado

CATEGORÍA 7: ELEMENTOS DEL BIBLIOTRÁILER					
Datos propios del libro/Paratextos del libro objeto					
Autor	Textos seleccionados del libro original	Título	Editorial	Fecha publicación	Disponibilidad/Puntos de venta
Alice Kellen	Oraciones de la sinopsis de la editorial	*Nosotros en la luna*	Planeta	No aparece	Disponible en librerías y en formato ebook

Hipertextualidad : No aparece

Intertextualidad: No aparece

Metaficción: No aparece

Perspectiva objetual del libro: Portada del libro en plano final

Elipsis	Presente en la estructura narrativa (no desvela el final del libro). Ausencia de referencias temporales. París como único escenario.
Suspense	Suspense presente en el clímax (Oración interrogativa que nos invita a seguir conociendo la historia de amor entre los dos protagonistas)

2.5.2. *La reina roja*

CATEGORÍA 1: INFORMACIÓN TÉCNICA	
Variables	Valores
Título	Booktrailer de «La reina roja», una novela llena de magia, intriga y fantasía
Autor/director	No aparece
Productor	Editorial Océano México
Género	Fantasía
Duración	0:50
Año	2015
Link	https://www.youtube.com/watch?v=5bhF_CMmZ9A

CATEGORÍA 2: NARRATIVA			
ESTRUCTURA			
Introducción	Nudo	Clímax	Desenlace
0:00-0:13	0:14-0:26	0:27-0:31	0:32-0: 50
«En la escuela aprendemos del mundo anterior a este. El mundo de los ángeles y los dioses que vivían en el cielo y gobernaban la tierra con amor y bondad»	«Algunos dicen que son solo leyendas. Pero yo no creo eso. Los dioses aún nos dominan. Han descendido de las estrellas»	«Y no les queda ni un ápice de bondad»	Presentación del libro y puntos de venta

NARRADOR					
Intradiegético	Búsqueda de la complicidad con lector				Observaciones
X	Formas imperativas	Imagen	Preguntas	Suspensión	Voz	
Personaje protagonista		La propia protagonista		Historia personal	en off. Femenina. Calmada al principio y enfurecida al final. Pausada.	Cuenta la historia a modo de conversación, introduciendo así al lector en la trama.

CATEGORÍA 3: PERSONAJES				
Nombre	Rol (Protagonista/ antagonista/ secundario)	Rasgos físicos		Rasgos psicológicos	Relación con otros personajes
No aparece	Protagonista	Chica adolescente de tez blanca, complexión delgada, con vestido morado y corona		Segura y combativa	No aparece

CATEGORÍA 4: TIEMPO			
Horquilla temporal	Tiempo histórico	Orden Temporal	Observaciones
Indeterminada	Indeterminado	Tiempo lineal vectorial	

CATEGORÍA 5: ESPACIO	
Lugar de los hechos	Observaciones
Indeterminado	Solo aparece una habitación blanca, una zona con hierba en el suelo y una silla

CATEGORÍA 6: RECURSOS TÉCNICOS

TIPO DE BIBLIOTRÁILER

Retórica del estrellato	**Retórica de la historia**	Retórica del género

Tipología de planos

N.º	Tamaño	Angulación	Movimiento de cámara	Duración	Observaciones
1	PG	Nadir	Fija	0:00-0:01 (1 segundo)	Cielo que avecina tormenta. Animación
2	PD	Picado	Fija	0:02-0:06 (4 segundos)	Manos que juegan nerviosas sobre una tela morada
3	PD	Central	Fija	0:07-0:10 (3 segundos)	Unas manos colocan una corona sobre el cabello
4	PP	Central	Ligera paneo derecha-izquierda	0:11-0:14 (3 segundos)	Rostro de la joven protagonista con la corona sobre la cabeza
5	PP	Central	Tilt up	0:15-0:17 (2 segundos)	La joven se toca la corona con la yema de los dedos
6	PD	Contrapicado	Fija	0:17-0:18 (1 segundo)	Yema del dedo ensangrentada tras pincharse con la corona

7	Plano escorzo	Picado	Paneo	0:19-0:21 (2 segundos)	Punto de vista de la chica observando su dedo ensangrentado
8	PD	Central	Tilt down	0:22-0:25 (3 segundos)	De nuevo, la cámara pasa de enfocar el fondo blanco a enfocar la corona
9	PD	Central	Tilt up	0:28-0:32 (4 segundos)	Sentada, con la mano hacia abajo, la sangre comienza a caer en dirección al suelo
10	OG	Central	Fija	0:33-0:50 (18 segundos)	Presentación libro

SONIDO

Música	Diálogos	Ruido	Observaciones
Melodía con piano	Solo voz en off. Monólogo	Ruido de tormenta, principalmente de trueno. Sonidos de tormenta como elementos de tensión	Pasamos de escuchar notas de un piano en solitario a notas simultáneas al pasar de la introducción al desarrollo.

MONTAJE

Secuencia material	Tensión psicológica	Progresión dramática	Observaciones
Uso de fundidos a negro. Planos detalle en abundancia de una misma persona en una situación concreta	Planos detalle nos acercan al personaje. La voz en off permite conocer la evolución de la protagonista, que primero nos sitúa en una coyuntura con la que discrepa. Ralentización del plano de la sangre	La música, los ruidos y la trama hacen avanzar la historia, que se completa con los planos detalle de la corona y el dedo ensangrentado, alertando de que ese símbolo de poder conlleva consecuencias peligrosas	Fundidos constantes

ILUMINACIÓN

Cálida o **fría**	**Dura** y **suave**	Observaciones
		Combinación de luz dura (con mayor contraste en los primeros y finales planos) y suave (en los planos intermedios)

RECURSOS GRÁFICOS

Rótulos	**Animación**
En la presentación del título del libro y de su fecha de publicación	Para la presentación del título del libro, la fecha de publicación y el primer plano (un cielo que avecina tormenta)

CATEGORÍA 7: ELEMENTOS DEL BIBLIOTRÁILER

Datos propios del libro / Paratextos del libro objeto

Autor	Textos seleccionados del libro original	Título	Editorial	Fecha publicación	Disponibilidad/Puntos de venta
Victoria Aveyard	X (p. 20)	La reina roja	Océano. Gran travesía	Octubre de 2015	Próximamente

Hipertextualidad: https://oceano.mx/obras/la-reina-roja-victoria-aveyard-13048.aspx
Intertextualidad: no aparece
Metaficción: no aparece
Perspectiva objetual del libro: portada del libro al final de la obra
Elipsis: presente en la estructura narrativa (no desvela el final del libro). Ausencia de referencias temporales. No escenario descriptivo. Un único personaje.
Suspense: suspense presente en el clímax (ruido de tormenta, sangre como elemento de tensión al tocar la corona, que aparece como símbolo de poder. Cambio del ritmo de la música. Mayor intensidad en la voz en off a partir del nudo de la trama)

2.5.3. *After*

CATEGORÍA 1: INFORMACIÓN TÉCNICA	
Variables	Valores
Título	Booktrailer serie «After», de Anna Todd- Una historia de amor infinito
Autor/director	No aparece
Productor	Editorial Planeta
Género	Novela romántica juvenil
Duración	1:28
Año	2015
Link	https://www.youtube.com/watch?v=gZONy9DjPoI

CATEGORÍA 2: NARRATIVA			
ESTRUCTURA			
Introducción	Nudo	Clímax	Desenlace
0:00-0:25 «Siempre había creído que la universidad determina tu futuro y lo que vales. No tenía ni idea de que ir a la facultad sería muchas más cosas que un título, ni de lo que me esperaba allí. Era muy ingenua y, en cierta manera, lo sigo siendo».	0:27-0:44 «Conocer a mi compañera de habitación en la residencia y a su grupo de amigos fue algo intenso e incómodo…Pero sin darme cuenta empecé a formar parte de ellos. Me dejé enredar. Fue entonces cuando conocí a Hardin y todo cambió para siempre».	0:45-1: 14 Imágenes entre los dos protagonistas, mezclando el romanticismo y también el drama amoroso	1:15-1:28 «¿Habría hecho las cosas de manera diferente? No lo sé, de lo único que estoy segura es que después de Hardin, nada volvió a ser igual» + Presentación del libro

NARRADOR						
Intradiegético	Búsqueda de la complicidad con lector					Observaciones
	Formas imperativas	Imagen	Preguntas	Suspensión	Voz	
X		Personaje protagonista	¿Habría hecho las cosas de manera diferente?	«De lo único que estoy segura es que después de Hardin, nada volvió a ser igual»	En off. Femenina. Dulce	Cuenta la historia a modo de conversación, introduciendo así al lector en la trama.

CATEGORÍA 3: PERSONAJES

Nombre	Rol (Prota-gonista/ antagonista/ Secundario)	Rasgos físicos	Rasgos psicoló-gicos	Relación con otros personajes
No aparece (Tessa)	Protagonista	Chica adolescente de tez blanca, com-plexión delgada, rubia, ojos marrones, labios gruesos	Ingenua	Relación amoro-sa con Hardin
Hardin	Coprotago-nista	Moreno, ojos verdes, corpulento, tatuado, labios gruesos, con barba	Desequilibrante	Relación amorosa con la protagonista

CATEGORÍA 4: TIEMPO

Horquilla temporal	Tiempo histórico	Orden temporal
Indeterminada (Desde que llega a la uni-versidad- final indefinido)	Indeterminado	Tiempo lineal vectorial

CATEGORÍA 5: ESPACIO

Lugar de los hechos	Observaciones
Universidad	Varias localizaciones: la universidad, un local con ambiente festivo y diversos lugares que siempre transitan en pareja

CATEGORÍA 6: RECURSOS TÉCNICOS

TIPO DE BIBLIOTRÁILER

Retórica del estrellato	Retórica de la historia	Retórica del género

Tipología de planos

N.º	Tamaño	Angulación	Movimiento de cámara	Duración	Observaciones
1	PD	Central	fija	0:00-0: 09 (9 segundos)	Mirada de la protagonista (Tessa)
2	PM	Central	Panorámica de seguimiento	0:10-0:14 (4 segundos)	Tessa camina de espaldas por las afue-ras de la facultad
3	PM	Central	Panorámica de seguimiento	0:15-0:17 (2 segundos)	Tessa camina de espaldas por la facultad
4	PM	Central	Panorámica de seguimiento	0:18-0:20 (2 segundos)	Tessa camina de espaldas por la biblioteca
5	PD	Central	Tilt vertical	0:21-0:27 (6 segundos)	Vemos la mano de Tessa tomando apuntes y después su rostro
6	PP	Central	Fija	0:28-0:31 (3 segundos)	Tessa mira a través de una ventana
7	PMC	Central	Fija	0:31-0:32 (1 segundo)	Tessa sonriendo en una fiesta con amigas
8	PP	Central	Fija	0:32-0:33 (1 segundo)	Tessa sonriendo en una fiesta con amigas
9	PMC	Central	Fija	0:33-0:34 (1 segundo)	Tessa bailando en una fiesta

10	PMC	Central	Fija	0:34-0:34 (0 segundos)	Tessa bailando en una fiesta con amigas
11	OMC	Central	Fija	0:35-0: 40 (5 segundos)	Tessa bailando en una fiesta. Cabe destacar el ritmo rápido, combinado con un PD a modo de flash de unos ojos
12	PD	Central	Fija	0:40-0: 43 (3 segundos)	Ojos marrones, mirada al frente
13	PMC	Central	Zoom in	0:43-0:45 (2 segundos)	Tessa y Hardin se acercan lentamente a besarse
14	PP	Central	Fija	0:45-0: 46 (1 segundo)	Tessa y Hardin se besan apasionadamente
15	PMC	Central	Fija	0:46-0:47 (1 segundo)	Tessa y Hardin se besan apasionadamente
16	PPP	Central	Fija	0:47-0:48 (1 segundo)	Tessa y Hardin se besan apasionadamente
15	PD	Central	Fija	0:48-0:48 (0 segundos)	Tessa besa el torso de Hardin
16	PD	cenital	Fija	0:48-0:49 (1 segundo)	Tessa y Hardin se abrazan
17	PMC	Central	Fija	0:49-0:49 (0 segundos)	Tessa y Hardin se besan apasionadamente
18	PMC	Central	Paneo	0:49-0:51 (3 segundos)	3 planos similares en tres segundos a modo de paneo mientras Tessa y Hardin se fotografían dándose un beso
19	PM	Central	Paneo	0:51-0:52 (1 segundo)	Tessa y Hardin pasean
20	PD	Central	Paneo	0:52-0:53 (1 segundo)	Tessa y Hardin se echan agua en una fuente
21	PM	escorzo	Paneo	0:53-0: 53 (0 segundos)	Tessa, con semblante serio, mira a Hardin, se levanta y se va
22	PA	central	fija	0:53-0:54 (1 segundo)	Hardin corre entre los coches
23	PML	Central	fija	0:54-0:55 (1 segundo)	Hardin corre entre los coches
24	PM	Central	Panorámica de seguimiento	0:55-0:56 (1 segundo)	Hardin corre entre los coches
25	PP	Central	fija	0:56-0:59 (3 segundos)	Hardin y Tessa se besan. El plano en la calle se entremezcla con el plano en la habitación besándose
26	PP	Ligero contrapicado	Panorámica de seguimiento	1:00-1:00 (0 segundos)	Tessa se seca las lágrimas de la cara mientras camina
27	PML	Escorzo	Panorámica de seguimiento	1:00-1:00 (0 segundos)	Hardin camina tras Tessa
28	PMC	Central	Panorámica de seguimiento	1:00-1:02 (2 segundos)	Hardin agarra la mano de Tessa mientras camina

29	PMC	Central	Paneo	1:02-1:03 (1 segundo)	Hardin y Tessa en un coche
30	PP	Central	Fija	1:03-1:03 (0 segundos)	Tessa habla con Hardin en el coche
31	PPP	Central	Fija	1:03-1:03 (0 segundos)	Tessa sonríe
32	PPP	Central	Fija	1:03-1:03 (0 segundos)	Vemos la cara de Hardin
33	PPP	Central	Fija	1:03-1:04 (1 segundo)	Tessa sonríe
34	PPP	Central	Fija	1:04-1:05 (1 segundo)	Vemos la cara de Hardin
35	PPP	Central	Fija	1:05-1:05 (0 segundos)	Tessa sonríe
36	PM	Central	Fija	1:05-1:06 (1 segundo)	Tessa y Hardin se besan en la cama
37	PP	Central	Fija	1:06-1:07 (1 segundos)	Tessa y Hardin se besan en la cama
38	PP	Central	paneo	1:07-1:07 (0 segundos)	Hardin sonríe
39	PP	Central	fija	1:07-1:09 (2 segundos)	Tessa se acerca a besar la mejilla de Hardin
40	PP	Central	fija	1:09-1:10 (1 segundo)	Hardin levanta a Tessa para besarla mientras el plano se corta en tres ocasiones
41	PD	Central	fija	1:10-1:10 (0 segundos)	Mirada de Tessa
42	PP	Central	fija	1:10-1:11	Hardin levanta a Tessa para besarla
43	PD	Central	fija	1:11-1:11 (1 segundo)	Mirada de Hardin
44	PP	Central	fija	1:11-1:12 (1 segundo)	Hardin da vueltas en el aire a Tessa
45	PMC	Central	paneo	1:12-1:13 (1 segundo)	Hardin y Tessa se besan)
46	Rótulo libro	Central	fija	1:13-1:15 (2 segundos)	Rótulo libro
47	PD	Central	Fija	1:16-1:19 (3 segundos)	Mirada de Tessa, que cierra los ojos
48	Rótulo presentación libro	Central	fija	1:19-1:28	Rótulo presentación libro. En general, elevada profundidad de campo.

SONIDO			
Música	Diálogos	Ruido	Observaciones
0:00-0:31: Música tranquila como apertura. Sonidos suaves, acompañador por el piano. 0:32-0:39: Música electrónica, propia de un ambiente festivo. 0:44-1:28: Música acelerada, con guitarra eléctrica, intensa	Solo voz en off protagonista	No hay	La música marca y diferencia la estructura narrativa del bibliotráiler

MONTAJE		
Secuencia material	Tensión psicológica	Progresión dramática
La protagonista nos guía por los diferentes escenarios. Aparece en la amplia mayoría y la trama gira en torno a ella.	Uso de barridos, movimientos de cámara bruscos, fundidos entre planos, fundidos a negro y destellos de manera constante. Empleo del desenfoque para generar tensión. Ritmo rápido (con planos que duran menos de 1 seg.). Uso del mismo plano en varias ocasiones para acelerar.	La trama avanza acompañada de la música y la historia que narra Tessa. Pasamos de tener un protagonista en el ambiente universitario a dos protagonistas en escenarios más íntimos y en pareja.

ILUMINACIÓN		
Cálida o fría	**Dura** o suave	Observaciones
		Predomina la luz dura, con contrastes y sombras marcadas

RECURSOS GRÁFICOS	
Rótulos	Animación
Para anunciar el libro	

CATEGORÍA 7: ELEMENTOS DEL BIBLIOTRÁILER

Datos propios del libro/ Paratextos del libro objeto					
Autor	Textos seleccionados del libro original	Título	Editorial	Fecha publicación	Disponibilidad/ Puntos de venta
Anna Todd	Fragmentos del prólogo	*After. La historia de un amor infinito*	Planeta	No aparece	No aparece
Hipertextualidad	www.serieafter.com				
Intertextualidad	No aparece				
Metaficción	No aparece				
Perspectiva objetual del libro	Al final, portada de todos los libros de la saga				
Elipsis	Presente en la estructura narrativa (no desvela el final del libro). Referencias temporales del comienzo de la historia, pero no del final. Abre una historia de amor que no cierra y que continúa a lo largo de cinco libros, realizando un solo bibliotráiler para una trama mucho más amplia.				

Suspense	Suspense presente en el clímax (tras los primeros planos en pareja, las imágenes muestran a Hardin y Tessa distanciados y enfadados cuando Hardin corre tras ella. Vuelven a estar juntos en los planos finales, intrigando al lector para que lea el motivo de su separación y reconciliación) y también en la frase final: «¿Habría hecho las cosas de manera diferente? No lo sé, de lo único que estoy segura es que después de Hardin, nada volvió a ser igual».

2.5.4. *Marfil*

CATEGORÍA 1: INFORMACIÓN TÉCNICA	
Variables	Valores
Título	Booktrailer Marfil, de Mercedes Ron
Autor/director	No aparece
Productor	Montena. Penguin Random House Grupo Editorial
Género	Historia de amor
Duración	1:00
Año	2019
Link	https://www.youtube.com/watch?v=76kzeQa0FaY

CATEGORÍA 2: NARRATIVA			
ESTRUCTURA			
Introducción	Nudo	Clímax	Desenlace
0:00-0:12 La protagonista practica deporte en un parque.	0:12-0:50 Alguien secuestra a la protagonista. Un hombre la salva y, a partir de ese momento, la acompaña siempre. Se enamoran.	0:50-0:51 Rótulo: «Un recordatorio constante de que algo malo va a ocurrir». Aparece la protagonista con cara de preocupación mientras el chico la abraza.	0:51-1:00 Aparece de nuevo la protagonista con cara de preocupación mientras el chico la abraza. Presentación del libro.

NARRADOR					
Extradiegético	Búsqueda de la complicidad con lector				Observaciones
	Formas imperativas	Imagen	Preguntas	Suspensión	Voz	
X (mediante rótulos)		Narradora como protagonista		Historia de amor en el aire.		El empleo de frases como «alguien que consigue que te tiemblen las rodillas» es útil para que el lector comprenda los sentimientos de la protagonista.

CATEGORÍA 3: PERSONAJES

Nombre	Rol (Protagonista/ Antagonista/ Secundario)	Rasgos físicos	Rasgos psicológicos	Relación con otros personajes
No aparece	Protagonista	Chica joven, de tez morena, pelo largo, rizado y moreno. Complexión delgada.	No aparece	Relación sentimental con su guardaespaldas
No aparece	Personaje secundario	No aparece (solo vestimenta. Chaqueta y guantes negros)	No aparece	Secuestrador de la protagonista
No aparece	Coprotagonista	Alto, tez morena, pelo corto, complexión robusta, vestimenta elegante, tatuado	No aparece	Relación sentimental con la protagonista

CATEGORÍA 4: TIEMPO

Horquilla temporal	Tiempo histórico	Orden Temporal
Indeterminada (comienza con un secuestro, continúa conociendo a su guardaespaldas y enamorándose de él)	Indeterminado	Tiempo lineal vectorial

CATEGORÍA 5: ESPACIO

Lugar de los hechos	Observaciones
Nueva York	Un parque, un aparcamiento y un habitáculo

CATEGORÍA 6: RECURSOS TÉCNICOS

TIPO DE BIBLIOTRÁILER

Retórica del estrellato	Retórica de la historia	Retórica del género

Tipología de planos

N.º	Tamaño	Angulación	Movimiento de cámara	Duración	Observaciones
1	Animación	Central	Fija	0:00-0:03 (3 segs.)	Presentación del libro con Nueva York de fondo (reconocible por el Empire State)
2	PP	Central	Panorámica de seguimiento	0:03-0:05 (2 segs.)	Protagonista corre en el parque
3	PMC	Central	Panorámica de seguimiento	0:05-0:07 (2 segs,)	Protagonista corre en el parque
4	PML	Central	Cámara en mano travelling in	0:07-0:11 (4 segs.)	Punto de vista del secuestrador. La cámara se acerca donde la joven realiza estiramientos
5	PD	Central	Fija	0:12-0:12 (1 seg.)	Unas manos cubiertas por unos guantes negros
6	Animación	Central	Fija	0:13-0:0 15 (2 segs.)	Presentación del libro con Nueva York de fondo (reconocible por el Empire State). Rótulo: «Un secuestro tiene consecuencias»

7	PMC-PML	Contrapicado a central	Travelling circular+ panorámica de seguimiento	0:16-0:22 (6 segs.)	La cámara gira alrededor del guardaespaldas. Tras realizar el giro, aparece por detrás la chica y comienzan a caminar
8	PM	Central	Fija	0:22-0:24	El guardaespaldas abre la puerta del coche a la chica
9	PP	Central	Fija	0:24-0:26	La chica se acicala el pelo sentada en el coche
10	Animación	Central	Fija	0:27-0:29 (2 segs.)	Presentación del libro con Nueva York de fondo (reconocible por el Empire State). Rótulo: «Vivir con alguien pegado a ti las veinticuatro horas del día»
11	PMC	Central	Fija	0:29-0:32 (3 segs.)	La joven mira por la ventana. En el reflejo aparece el guardaespaldas
12	PD	Picado	Fija	0:33-0:34 (1 seg.)	La joven se ata un zapato de ballet (plano desde el punto de vista de la joven)
13	PM	Picado	Escorzo	0:34-0:35 (1 segs)	La joven se ata un zapato de ballet (plano desde el punto de vista del guardaespaldas)
14	PM	Contrapicado	Fija	0:35-0:36 (1 seg.)	El guardaespaldas habla a la joven apoyado en el marco de la puerta
13	PP	Central	Fija	0:36-0:37 (1 seg.)	La joven mira al frente y sonríe
15	Animación	Central	Fija	0:38-0:40 (2 segs.)	Presentación del libro con Nueva York de fondo (reconocible por el Empire State). Rótulo: «Alguien que consigue que te tiemblen las rodillas»
16	PM	Central	Fija	0:40-0:41 (1 seg.)	Mientras el guardaespaldas cocina, la joven coge un trozo del tomate que cortaba el señor
17	PM	Central	Fija	0:41-0:42 (1 seg.)	La joven se lleva el trozo de tomate a la boca
18	PP	Ligero picado	Fija	0:42-0:43 (1 seg.)	La joven muerte el trozo de tomate mientras mira al guardaespaldas
19	PP	Ligero contrapicado	Fija	0:43-0:45 (2 segs.)	El guardaespaldas mira a la joven y sonríe
20	PP	Central	Tilt	0:45-0:49 (4 segs.)	La cámara pasa del rostro de la joven a enfocar la mano del guardaespaldas, que acaricia la pierna de la joven
21	Animación	Central	Fija	0:49-0:51 (2 segs.)	Presentación del libro con Nueva York de fondo (reconocible por el Empire State). Rótulo: «Un recordatorio constante de que algo malo va a ocurrir»

22	PPP	Central	Ligero movimiento de travelling in	0:51-0:55 (4 segs.)	Rostro preocupado de la joven, a la que abraza el guardaespaldas
23	Animación	Central	Fija	0:55-0:59 (4 segs.)	Promoción libros Mercedes Ron

SONIDO

Música	Diálogos	Ruido
Melodía con piano inicial, hasta el primer plano de la joven corriendo. Entonces comienza una música con violín que genera tensión. La música cambia a partir del 0:17, cuando aparece en escena el guardaespaldas. Melodía más electrónica y desenfada, con ritmo de batería. Coincide con otra melodía dinámica por debajo que comienza a partir del 0:35 (coincidiendo con el primer cruce de miradas de los dos protagonistas).	Solo voz en off. Monólogo	Sonido estridente mientras la cámara se acerca a la joven en el momento del secuestro. Sonido de énfasis cada vez que aparece un rótulo

MONTAJE

Secuencia material	Tensión psicológica	Progresión dramática
Combina escenas entre la joven, el guardaespaldas y la carátula del libro acompañada de rótulos explicativos.	Importancia de los planos desde el punto de vista del personaje. Uso de fundidos a negro. Planos del libro como recurso narrativo con los rótulos.	Diversos actos hacen avanzar la trama: el secuestro, la protección que recibe la joven desde entonces, su posterior fase de enamoramientos con su protector (y, a la vez, empleado) y su futuro en el aire tras dejar ver que la alerta no cesa.

ILUMINACIÓN

Cálida y **fría**	**Dura** o suave	Observaciones
		Fría en los primeros planos previos y del secuestro. Cálida en los planos que comparten. Principalmente, dura.

RECURSOS GRÁFICOS

Rótulos	**Animación**
Rótulos en las ocasiones en las que aparecía el libro: «Un secuestro tiene consecuencias»; «Vivir con alguien pegado a ti las veinticuatro horas del día»; «Alguien que consigue que te tiemblen las rodillas» y «Un recordatorio constante de que algo malo va a ocurrir». A ello se añaden los rótulos de presentación de los libros de la autora: «Amar nunca fue tan peligroso»	Para la presentación del libro y los planos en los que aparece

CATEGORÍA 7: ELEMENTOS DEL BIBLIOTRÁILER

Datos propios del libro/ Paratextos del libro objeto					
Autor	Textos seleccionados del libro original	Título	Editorial	Fecha publicación	Disponibilidad/ Puntos de venta
Mercedes Ron	No	*Marfil*	Montena. Penguin Random House	No aparece	No aparece

Hipertextualidad	www.megustaleer.com
Intertextualidad	No aparece

Metaficción	No aparece
Perspectiva objetual del libro	Aparece como plano recurrente en cuatro ocasiones, acompañado de rótulos explicativos con los que la trama avanzaba
Elipsis	Presente en la estructura narrativa (no desvela el final del libro). Ausencia de referencias temporales. Ausencia en la explicación del secuestro y el posterior enamoramiento
Suspense	Suspense presente en los rótulos: «Un recordatorio constate de que algo malo va a ocurrir»

2.5.5. *Cinder*

CATEGORÍA 1: INFORMACIÓN TÉCNICA	
Variables	Valores
Título	Cinder by Marissa Meyer
Autor/director	No aparece
Productor	Fierce Reads
Género	Historia de amor; ciencia ficción
Duración	0:29
Año	2012
Link	https://www.youtube.com/watch?v=pXrMAFGWyuE

CATEGORÍA 2: NARRATIVA			
ESTRUCTURA			
Introducción	Nudo	Clímax	Desenlace
0:00-0: 06 «Una chica, viviendo con un secreto, obligada por el deber, trabajando para conseguir la libertad»	0:07-0:25 «Un príncipe en busca de respuestas, no está preparado para gobernar el reino. Se enamora. Una chica bella, con una mano de hierro, hará lo que sea para controlar la tierra»	No aparece (coincidiría con el final del nudo)	0:26-0:29 Promoción del libro

NARRADOR					
Extradiegético	Búsqueda de la complicidad con lector				
	Formas imperativas	Imagen	Preguntas	Suspensión	Voz
X				«Conseguir la libertad», «hará lo que sea para controlar la tierra», «en busca de respuestas»	En off. Masculina y grave

CATEGORÍA 3: PERSONAJES				
Nombre	Rol (Protagonista/ Antagonista/Secundario)	Rasgos físicos	Rasgos psicológicos	Relación con otros personajes
No aparece (Cinder)	Protagonista	Musculada, pelo rubio oscuro y largo recogido en una coleta.	No aparece	Se enamora del príncipe

No aparece (Príncipe Kaiko)	Coprotagonista	Asiático. Moreno, pelo corto		No aparece	Se enamora de la joven protagonista
No aparece (la reina)	Antagonista	Rubia, ojos claros, tez blanca, con un lunar sobre el labio, maquillada, portando una capa con capucha		Ambiciosa	No aparece

CATEGORÍA 4: TIEMPO

Horquilla temporal	Tiempo histórico	Orden Temporal
Indeterminada	I126 years after WWIV	Tiempo lineal vectorial

CATEGORÍA 5: ESPACIO

Lugar de los hechos	Observaciones
New Beijing	Fondo blanco en todos los planos excepto en los primeros que, dada la oscuridad, no se puede discernir dónde nos encontramos

CATEGORÍA 6: RECURSOS TÉCNICOS

TIPO DE BIBLIOTRÁILER

Retórica del estrellato	Retórica de la historia	Retórica del género

Tipología de planos

N.º	Tamaño	Angulación	Movimiento de cámara	Duración	Observaciones
1	Rótulo	Central	Fija	0:00-0:03	New Beijing. 126 years after WWIV
2	PMC	Central	Cámara en mano	0:03-0:04 (1 segundo)	Una chica con la mirada hacia abajo en un lugar oscuro
3	PM	Central	Cámara en mano	0: 04-0: 04 (0 segundos)	Una chica con la mirada hacia abajo en un lugar oscuro. Lleva unos guantes negros
4	PD	Ligero picado	Fija	0:04-0:05 (1 segundo)	Las manos de la chica cubiertas por los guantes arreglan una pieza.
5	P M	Central	Paneo	0:05-0:06 (1 segundo)	La chica continúa arreglando esas piezas
6	PD	Central	Fija	0:06-0: 08 (2 segundos)	Ojo de la chica con animación emulando un ojo digital
7	PP	Central	Fija	0:08-0:09 (1 segundo)	Cara del príncipe
8	PP	Central	Fija	0:09-0:10 (1 segundo)	Cara del príncipe con una mueca de preocupación
9	PP	Central	Fija	0:10-0:12 (2 segundos)	El príncipe se lleva la mano en la cabeza y se toca el pelo
10	PP	Central	Fija	0:12-0:15 (3 segundos)	El príncipe mira hacia la izquierda. Aparece el rostro de una joven y se besan

11	PP	Central	fija	0:15-0:17 (2 segundos)	Cara de una joven con una capucha
12	PD	Central	Fija	0:17-0:19 (2 segundos)	Ojos de la joven
13	PP	Central	Fija	0:19-0:22 (3 segundos)	La joven sostiene un bote con sangre en la mano (animación para cambiar de plano emulando una mancha de sangre)
13	Animación	Central	Fija	0:22-0:25 (3 segundos)	«Unce upon a time»
14	Animación	Central	Fija	0:26-0:29 (3 segundos)	Presentación libro

SONIDO

Música	Diálogos	Ruido
Una sola canción con banda musical (guitarra eléctrica, batería y teclado) sin cambios de ritmo acusados.	No hay (solo voz en off)	Sonido sintético en la entrada de los rótulos. Sonido de cálculo numérico digital en el plano con la animación del ojo de la joven. Sonido también metálico al componer la portada del libro con una animación

MONTAJE

Secuencia material	Tensión psicológica	Progresión dramática	Observaciones
Uso de fundidos a negro y también fundido entre imágenes.	Conseguida con planos cerrados y voz en off explicativa. Conocemos la tensión psicológica de la joven (que busca la libertad), del príncipe (que busca respuestas) y de la chica (ambiciosa)	Presentación de los tres personajes de manera independiente.	Uso de fundidos a negro y también fundido entre imágenes.

ILUMINACIÓN

Cálida o **fría**	**Dura** y **suave**	Observaciones
		Iluminación dura en los planos del principio y más suave en los planos finales

RECURSOS GRÁFICOS

Rótulos	**Animación**
«New Beijing. 126 years after WWIV» «Once upon a time»	En los rótulos y la presentación del libro final. Animación tecnológica en el plano del ojo. Animación artificial en el plano de transición de la sangre
«Lunar Chronicles. A new novel by Marissa Meyer»	

CATEGORÍA 7: ELEMENTOS DEL BIBLIOTRÁILER

Datos propios del libro/Paratextos del libro objeto

Autor	Textos seleccionados del libro original	Título	Editorial	Fecha publicación	Disponibilidad/ Puntos de venta
Marissa Meyer		*Cinder*	No aparece	No aparece	No aparece
Hipertextualidad	Lunar Chronicles (símbolo Facebook)				

Intertextualidad	No aparece
Metaficción	No aparece
Perspectiva objetual del libro	Portada del libro al final
Elipsis	Sin espacio ni tiempo determinado. No desenlace ni apenas nudo
Suspense	Solo presentación de personajes, sin mostrar la relación entre ellos (se cuenta el objetivo que tiene cada uno, pero no cómo intentarán conseguirlo)

2.5.6. *Harry Potter*

CATEGORÍA 1: INFORMACIÓN TÉCNICA	
Variables	Valores
Título	Harry Potter Book Trailer
Autor/director	No aparece
Productor	Scholastic
Género	Fantasía
Duración	0:30
Año	2010
Link	https://www.youtube.com/watch?v=s8zBR1l4Tgc

CATEGORÍA 2: NARRATIVA			
ESTRUCTURA			
Introducción	Nudo	Clímax	Desenlace
0:00-0:08 «No importa lo que sepas. No importa lo que pienses». Aparece Harry Potter en escoba y, a continuación, un coche se queda enredado en un árbol.	0:08-0:15 «Harry monta en un animal salvaje, juega con la escoba, un hechizo tira a un señor por un precipicio»	0:15-0:17 aparece la figura de otros dos amigos (Hermione y Ron). Después, La cicatriz de Harry se ilumina	0:18-0:30 La luz que sale de la cicatriz de Harry se mete en el libro y se cierra. Promoción final del libro

NARRADOR						
Extradiegético	Búsqueda de la complicidad con lector					Observaciones
X	Formas imperativas	Imagen	Preguntas	Suspensión	Voz	
(rótulos)		Imágenes recurrentes de las películas		«No importa lo que sepas. No importa lo que pienses»		Elementos reconocibles del universo Harry Potter que, aun no siendo vitales para la trama, captan la atención.

CATEGORÍA 3: PERSONAJES

Nombre	Rol (Protagonista/Antagonista/Secundario)	Rasgos físicos	Rasgos psicológicos	Relación con otros personajes
No aparece (Harry)	Protagonista	Gafas, pelo corto negro, cicatriz en forma de rayo en la frente, con capa	No aparece	Amigo de Ron y Hermione, enemigo del personaje 2
No aparece (personaje 2)	Personaje secundario	Con capa	No aparece	Enemigo de Harry (es el que lo tira del precipicio)
No aparece (Ron)	Personaje secundario	Pelo alborotado	No aparece	Amigo de Harry
No aparece (Hermione)	Personaje secundario	Pelo largo, con coleta	No aparece	Amiga de Harry

CATEGORÍA 4: TIEMPO

Horquilla temporal	Tiempo histórico	Orden Temporal	Observaciones
Indeterminada	Indeterminado	Tiempo lineal vectorial	

CATEGORÍA 5: ESPACIO

Lugar de los hechos	Observaciones
Castillo (de Hogwarts)	Zona del sauce boxeador, campo de Quidditch…

CATEGORÍA 6: RECURSOS TÉCNICOS

TIPO DE BIBLIOTRÁILER

Retórica del estrellato	Retórica de la historia	**Retórica del género**

Tipología de planos

N.º	Tamaño	Angulación	Movimiento de cámara	Duración	Observaciones
1	Animación	Central	Zoom out	0:00-0:03 (segundos)	Las sigals HP en primer plano. Se abre el plano y las siglas se convierten en el libro de Harry Potter. Acompañado del rótulo «No Matter What You Think You Know»
2	PP-PG	Central	Fija	0:03-0:05 (2 segundos)	Harry viaja en escoba y se va hacia el castillo
3	PG	Central	Fija	0:05-0:08 (3 segundos)	El coche se queda atrapado en el árbol (creo que era sauce boxeador)
4	PG	Central	Fija	0:08-0:10 (2 segundos)	Harry surca el cielo a lomos de un animal (creo que es el hipogrifo)

5	PD-PG	Central	Zoom out	0:10-0:13 (3 segundos)	Juegan al Quidditch. Aparece el libro en PP
6	PG	Central	Fija	0:13-0:15 (2 segundos)	Con el libro en PP, el hechizo que lanza Harry en el plano anterior golpea a un señor que cae por el precipicio
7	PF (Plano figura)	Central	Fija	0:15-0:17 (2 segundos)	Con el libro en PP, Aparecen Harry, Hermione y Ron
8	PP	Central	Fija	0:17-0:19 (3 segundos)	Con el libro en PP, aparece la silueta de la cabeza de Harry, su cicatriz se ilumina y esa luz viaja hasta el interior del libro
9	PG	Central	Fija	0:20-0:27 (7 segundos)	Promoción de los libros de la colección
10	PG	Central	Fija	0:27-0:30 (3 segundos)	Promoción de un sorteo de un viaje al parque temático de Harry Potter

SONIDO

Música	Diálogos	Ruido
Misma melodía en todo el vídeo. Típica de las historias de magia. Intriga, pero también alegre.	Sin diálogos	Ráfagas sonoras coincidiendo con efectos visuales mágicos (la magia que sale de una varita, las ráfagas de luz que simulan la magia). Movimientos de la escoba mágica como si fueran ráfagas de aire, estruendo cuando el coche cae al suelo, el sonido del animal, golpe del libro al caer a la mesa y cuando se apilan unos sobre otros. En la aparición de los rótulos

MONTAJE

Secuencia material	Tensión psicológica	Progresión dramática	Observaciones
Animación coherente. Mismos colores, elementos mágicos, personajes a modo de siluetas, uso del libro en formato físico como recurso	Recurrencia a los elementos mágicos. Esquinas del cuadro de vídeo sombreadas para dar la sensación de estar viendo una historia que ocurre en el interior de otro formato (el libro, que se encuentra apoyado sobre la mesa)	Presentación paulatina de personajes, escenarios y elementos propios del universo Harry Potter	Recurrencia a los elementos mágicos. Esquinas del cuadro de vídeo sombreadas para dar la sensación de estar viendo una historia que ocurre en el interior de otro formato (el libro, que se encuentra apoyado sobre la mesa)

ILUMINACIÓN

Cálida o **fría**	**Dura** o suave	Observaciones

RECURSOS GRÁFICOS

Rótulos	**Animación**
No matter What You Think You Know y al final, The Real Magic of Harry Potter Lies Within. Experience the adventure from the beginning	Todo el bibliotráiler es una animación.

CATEGORÍA 7: ELEMENTOS DEL BIBLIOTRÁILER					
Datos propios del libro/ Paratextos del libro objeto					
Autor	Textos seleccionados del libro original	Título	Editorial	Fecha publicación	Disponibilidad/ Puntos de venta
J.K. Rowling		*Harry Potter* (aparecen todos los libros de la saga apilados unos sobre otros)	Scholastic	No aparece	Scholastic.com/ harrypotter
Hipertextualidad	Scholastic.com/harrypotter				
Intertextualidad	Aparecen elementos visuales que son idénticos a lo que se muestra en las películas de Harry Potter, Hogwharts, el sauce boxeador, el quidditch, el hipogrifo, Ron y Hermione…				
Metaficción	No aparece				
Perspectiva objetual del libro	El libro aparece como el elemento que contiene toda esa historia a partir del 0:12				
Elipsis	Condensa la trama de siete libros en uno solo, pues no se muestran fragmentos concretos, sino solo una pequeña aproximación a los elementos más reconocibles de Harry Potter por la cultura popular				
Suspense	Uso de las sombras para salir del realismo, no conocemos la identidad de aquel que cae por el precipicio, escenarios difusos, uso de la magia (no de hechizos)				

2.5.7. *Ana la de Tejas Verdes*

CATEGORÍA 1: INFORMACIÓN TÉCNICA	
Variables	Valores
Título	Ana de las tejas verdes, Lucy M. Montgomery- Antonio Lorente
Autor/director	No aparece
Productor	Edelvives
Género	Aventura
Duración	0:59
Año	2020
Link	https://www.youtube.com/watch?v=o_LT1EmiIT4

CATEGORÍA 2: NARRATIVA			
ESTRUCTURA			
Introducción	Nudo	Clímax	Desenlace
0:00-0:10 EDELVIVES presenta Ana la de Tejas Verdes	0:11-0:27 «Ana es ingeniosa, alegre, imaginativa, divertida»	0:28-0:37 «Una niña capaz de despertar la vitalidad de un pueblo»	0:38-0:59 «El gran clásico de la literatura canadiense. Ilustrado por Antonio Lorente» + Presentación del libro.

NARRADOR					
Extradiegético	Búsqueda de la complicidad con lector				Observaciones
	Formas imperativas	Imagen	Preguntas	Suspensión Voz	
X		Ilustraciones del libro		Una niña capaz de despertar la vitalidad de un pueblo	Nos presenta a Ana como una niña con una personalidad única capaz de movilizar a su pueblo. Además, lo hace remarcando que es un clásico y, por tanto, debemos conocer su historia. A través de rótulos

CATEGORÍA 3: PERSONAJES				
Nombre	Rol (Protagonista/ Antagonista/Secundario)	Rasgos físicos	Rasgos psicológicos	Relación con otros personajes
Ana	Protagonista	Pelirroja, tez blanca, ojos claros, sonriente	Ingeniosa, alegre, imaginativa, divertida	No aparece
Amiga de Ana	Secundario	Morena, con trenzas	No aparece	Amiga de Ana

CATEGORÍA 4: TIEMPO		
Horquilla temporal	Tiempo histórico	Orden temporal
Indeterminada	Indeterminado	Tiempo lineal vectorial

CATEGORÍA 5: ESPACIO	
Lugar de los hechos	Observaciones
El pueblo de Ana	Vivienda de Ana, bosque, río…

CATEGORÍA 6: RECURSOS TÉCNICOS

TIPO DE BIBLIOTRÁILER

Retórica del estrellato	Retórica de la historia	Retórica del género
Tipología de planos		

N.º	Tamaño	Angulación	Movimiento de cámara	Duración	Observaciones
1	PG	Central	Fija	0:00-0:06 (6 segundos)	Edelvives presenta
2	PG	Central	Fija	0:06-0:11 (5 segundos)	Ana la de Tejas Verdes
3	PMC	Central	Fija	0:12-0:14 (2 segundos)	Ana apoyada en una silla (Ana es ingeniosa)
4	PML	Central	Fija	0:15-0:17 (2 segundos)	Ana sonríe mientras mira por la ventada (Alegre)
5	PMC	Central	Fija	0:17-0: 21 (4 segundos)	Ana se tumba en una barca por el río (Imaginativa)

6	PP	Central	Fija	0:22-0:27 (5 segundos)	Ana apoya la cabeza en la mesa mientras cose del revés (divertida)
7	PG	Central	Fija	0:28-0:31 (3 segundos)	Una niña capaz de despertar la vitalidad de un pueblo (rótulo)
8	GPG	Central	Zoom in	0:32-0: 35 (3 segundos)	Paisaje en una ladera con una casa
9	PMC	Central	Tilt down	0:36-0:38 (2 segundos)	Ana juega con una amiga
10	PG	Central	Fija	0:39-0:42 (3 segundos)	El gran clásico de la literatura candiense
11	PG	Central	Fija	0:43-0:45 (2 segundos)	Ilustrado por Antonio Lorente
12	PMC	Central	Fija	0:45-0:49 (4 segundos)	Ana mira arriba con los ojos cerrados
13	PG	Central	Fija	0:50-0:54 (4 segundos)	Presentación libro
14	PG	Central	Fija	0:54-0:59 (5 segundos)	EDELVIVES te sorprende

SONIDO

Música	Diálogos	Ruido
Canción alegre	No hay	No hay

MONTAJE

Secuencia material	Tensión psicológica	Progresión dramática
Hojas otoñales van cambiando los planos. Recurso para que avance la secuencia y, por tanto, las acciones que va realizando Ana		Leve, solo se centra en Ana. Se muestra que será ella la encargada de despertar a su pueblo

ILUMINACIÓN

Cálida o fría	Dura o **suave**	Observaciones

RECURSOS GRÁFICOS

Rótulos	**Animación**
Necesarios para conocer a Ana y seguir la historia	Todo el bibliotráiler es una animación

CATEGORÍA 7: ELEMENTOS DEL BIBLIOTRÁILER

Datos propios del libro / Paratextos del libro objeto

Autor	Textos seleccionados del libro original	Título	Editorial	Fecha publicación	Disponibilidad / Puntos de venta
Lucy Maud Montgomery		*Ana la de Tejas Verdes*	EDELVIVES	No aparece	No aparece
Hipertextualidad	https://www.edelvives.com/es/Catalogo/p/ana-la-de-tejas-verdes				
Intertextualidad	Hace referencia a que es un clásico literario en un rótulo				

Metaficción	No aparece
Perspectiva objetual del libro	Al final, portada del libro
Elipsis	No aparece de qué manera Ana despierta a su pueblo
Suspense	Deja entrever que Ana conseguirá despertar a su pueblo

2.5.8. *The Iron Knight*

CATEGORÍA 1: INFORMACIÓN TÉCNICA

Variables	Valores
Título	The Iron Knight by Julie Kagawa Official book trailer
Autor/director	No aparece
Productor	Harlequin books
Género	Fantasía
Duración	1:27
Año	2011
Link	https://www.ypoutube.com/watch?v=zjyPvcIUE2w

CATEGORÍA 2: NARRATIVA

ESTRUCTURA

Introducción	Nudo	Clímax	Desenlace
0:00-0:48 «My name, my true name is Ashallayn´Darkmyr Tallyn. I am the last remaining son of Mab, queen of the unseelie court. And I am dead to her. My fall began as many stories do. With a girl»	0:49-1:09 «Now I begin an impossible journey to honor my knight´s oath. And the sacrifices of the fallen. But the truths I face may change my destiny»	1:10-1:16 And all I´ve known will be shattered»	1:17-1:27 Presentación libro

NARRADOR

Intradiegético	Búsqueda de la complicidad con lector					Observaciones
X	Formas imperativas	Imagen	Preguntas	Suspensión	Voz	
Personaje protagonista		Narrador en imagen		Lenguaje directo, sencillo, bélico: «honor my knights, I am dead to her…»		A través de rótulos. Uso de la primera persona. Presentación inicial del personaje a modo de conversación con el lector

CATEGORÍA 3: PERSONAJES

Nombre	Rol (Protagonista/ Antagonista/ Secundario)	Rasgos físicos	Rasgos psicológicos	Relación con otros personajes

Ashallayn´Darkmyr Tallyn	Protagonista	Moreno, pelo corto con flequillo, ojos claros	Valiente	Hijo de Mab. Romance con una joven (girl).
Mab	Personaje secundario	Rasgos orientales, tez pálida, ojos y cabello oscuro	No aparece	Madre de Ashallayn´Darkmyr Tallyn
Girl	Personaje secundario	Largo cabello rubio, complexión delgada	No aparece	Romance con Ashallayn´Darkmyr Tallyn

CATEGORÍA 4: TIEMPO

Horquilla temporal	Tiempo histórico	Orden Temporal
Indeterminada	Indeterminado	Tiempo lineal no vectorial (flashback: my fall began, as many stories do, with a girl) (flashforward: All I´ve known will be shattered)

CATEGORÍA 5: ESPACIO

Lugar de los hechos	Observaciones
Bosque invernal y castillo	Escenarios fantásticos

CATEGORÍA 6: RECURSOS TÉCNICOS

TIPO DE BIBLIOTRÁILER

Retórica del estrellato		Retórica de la historia		Retórica del género	

Tipología de planos

N.º	Tamaño	Angulación	Movimiento de cámara	Duración	Observaciones
1	PM	Central	Fija	0:00-0:11 (11 segundos)	Paisaje nevado. Se ven los pies del caballo. «My name, my true name»
2	PD	Central	Fija	0:12-0:21 (9 segundos)	Mirada al frente del protagonista. «…is Ashallayn´Darkmyr Tallyn»
3	PG	Central	Travelling in	0:22-0:30 (8 segundos)	Barras negras. «I am the last remaining son of Mab, queen of the unseelie court»
4	PP	Central	Fija	0:31-0:36 (5 segundos)	Rostro de Mab. «And I am dead to her»
5	PG	Central	Paneo	0:37-0:49 (12 segundos)	Ashallayn lanza picos de hielo con sus manos que, a través de una transición con un árbol nos llevan al siguiente escenario: un bosque en el que el protagonista se encuentra abrazado a una chica. «My fall began as many stories do. With a girl»
6	PG	Picado	Travelling in	0:50-0: 52 (2 segundos)	Paisaje de pinos nevados. «Now I begin an impossible journey»
7	PG	Picado	Travelling in	0:53-0:55 (2 segundos)	Paisaje con un lago.

8	PG	Central	Fija	0:55-0:57 (2 segundos)	Puertas de un Castillo. «To honor my knight´s oath»
9	PM	Central	Fija	0:58-1:00 (2 segundos)	Dos personas en sombra luchan con espada. «And the sacrifices of the fallen»
10	PM	Contrapicado	Fija	1:00-1:03 (3 segundos)	Un caballo de metal con los ojos rojos relincha
11	PM	Central	Travelling in	1:04-1:08 (4 segundos)	Una puerta se abre y entramos «But the truths I face may change my destiny»
12	PMC	Central	Fija	1:09-1:11 (2 segundos)	El protagonista mira al frente. La puerta de atrás se ilumina de verde, simulando la magia. «And all I´ve known»
13	PMC	Central	Zoom in	1:12-1:16 (4 segundos)	El protagonista aparece junto con otra chica en una especie de portal. La cámara enfoca solo a él a medida que se le coloca una corona de hielo. «will be shattered»
14	PG	Central	Fija	1:17-1:27 (10 segundos)	Presentación libro. Animación de un gato negro que se marcha

SONIDO

Música	Diálogos	Ruido
Melodía pausada. Predominio del violín. Tonos graves.	No hay	Sonido del viento en los primeros segundos, coincidiendo con el paisaje nevado en el que hay una ventisca
Cambio a voces de fondo más agudas en los planos de transición cuando aparece la madre.		Sonido estridente al aparecer el plano de la madre y al lanzar las puntas de hielo.
		Tintineo con la entrada en escena del protagonista y la joven enamorados en el bosque.
Cambio de registro tras el 0:50 (comienzo de la acción). Música épica llena de estruendos, ritmo, rapidez		Sonido del choque entre espadas en el plano en el que combaten.
		Ruido del caballo como si fuera una fiera de hierro.
		Sonido distintivo en los zoom in de los planos finales de la puerta.
		Sonido del hielo formándose y rompiéndose cuando aparece y se rompe la corona de hielo.
		Al final, vuelve el ruido de ventisca y, cuando desaparece el gato, también lo hace con el sonido típico de fundido de planos.
		Sonido diferenciador cuando entran en escena algunos rótulos

MONTAJE		
Secuencia material	Tensión psicológica	Progresión dramática
Se pasa de un contexto general, sin rostros reconocibles (pero sí paisajes) a una historia concreta con personajes e incógnitas.	Empleo de pantalla partida, fundidos a negro, movimientos rápidos de cámara, efectos de postproducción.	Los rótulos acompañan a la imagen para mostrar dicha progresión dramática. De esta forma, la trama avanza combinando escenarios, personajes y rótulos.

ILUMINACIÓN		
Cálida o **fría**	**Dura** o suave	Observaciones

RECURSOS GRÁFICOS	
Rótulos	**Animación**
Recurrentes a lo largo del bibliotráiler. Aportan contexto y permiten el avance de la trama	Recurrente: para crear los escenarios (castillo, bosque helado, laguna, portón…), para dar movimiento a imágenes de los personajes o para introducir elementos de relevancia (los trozos de hielo, caballo de hierro, la corona de hielo, el portón que se abre) y para la carátula final de presentación del libro

CATEGORÍA 7: ELEMENTOS DEL BIBLIOTRÁILER					
Datos propios del libro/ Paratextos del libro objeto					
Autor	Textos seleccionados del libro original	Título	Editorial	Fecha publicación	Disponibilidad/ Puntos de venta
Julie Kagawa		Iron Knight	Harlequin Teen	25 octubre 2011	No aparece

Hipertextualidad	Theironfey.com
Intertextualidad	No aparece
Metaficción	No aparece
Perspectiva objetual del libro	Portada del libro al final
Elipsis	Escenarios genéricos, no profundidad de la trama entre personajes ni se dice su relevancia en la historia (solo la del protagonista), no explicación de elementos visuales de relevancia (la entrada al castillo, la corona de hielo)
Suspense	A través de los rótulos, hablando de un futuro que está por conocer: «And the sacrifices of the fallen. But the truths I face may change my Destiny. And all I´ve known will be shattered»

2.5.9. *Las marcas de la Muerte*

CATEGORÍA 1: INFORMACIÓN TÉCNICA	
Variables	Valores
Título	Las marcas de la muerte-booktrailer
Autor/director	No aparece
Productor	RBA
Género	Fantasía

Duración	1:00
Año	2017
Link	https://www.youtube.com/watch?v=xHwK2ZiHKw4

CATEGORÍA 2: NARRATIVA

ESTRUCTURA

Introducción	Nudo		Clímax	Desenlace
0:00-0:13 «La corriente fluye a través de todos los seres vivos, une a los planetas y brota con la más pequeña de las flores»	0:14-0:39 «También fluye a través de nosotros y nos concede habilidades que magnifican nuestros puntos fuertes y nuestras flaquezas. Algunos poseen el poder de sanar. Otros, el poder de destruir. Para él, la corriente es una armadura»		0:40-0:45 «Para mí, una maldición»	0:46-1:00 Presentación libro impreso

NARRADOR

Intradiegético	Búsqueda de la complicidad con lector					Observaciones
	Formas imperativas	Imagen	Preguntas	Suspensión	Voz	
X		Narrador es la protagonista		Para él, la corriente es una armadura- Para mí, una maldición	Voz femenina, con tonalidad aguda y baja intensidad. Cálida	Habla en primera persona. A modo de conversación con el espectador

CATEGORÍA 3: PERSONAJES

Nombre	Rol (Protagonista/ Antagonista/ Secundario)	Rasgos físicos	Rasgos psicológicos	Relación con otros personajes
No aparece	Protagonista (mujer)	No aparece (solo silueta)	No aparece	No aparece
No aparece	Personaje secundario (varón)	No aparece silueta)	No aparece	No aparece

CATEGORÍA 4: TIEMPO

Horquilla temporal	Tiempo histórico	Orden Temporal	Observaciones
Indeterminada	Indeterminado	Tiempo lineal vectorial	

CATEGORÍA 5: ESPACIO

Lugar de los hechos	Observaciones
No aparece	

CATEGORÍA 6: RECURSOS TÉCNICOS

TIPO DE BIBLIOTRÁILER

Retórica del estrellato	**Retórica de la historia**	Retórica del género
Tipología de planos		

N.º	Tamaño	Angulación	Movimiento de cámara	Duración	Observaciones
1	PG	Central	Fija	0:00-0:03 (3 segundos)	Aurora boreal. «La corriente fluye a través de todos los seres vivos»
2	GPG	Central	Fija	0:04-0: 0:06 (2 segundos)	Paisaje montañoso nevado, con la luna asomando tras la montaña y una silueta paseando por el campo. Rótulo: from the autor of Divergent. «une a los planetas»
3	PG	Central	Fija	0:07-0:10 (3 segundos)	Camino con floresrojas iluminadas a los lados. Alguien pasea por medio del camino. Rótulo: from the autor of Divergent «y brota con la más pequeña…»
4	PD	Central	Fija	0:11-0:14 (3 segundos)	Una flor roja comienza a abrirse cada vez más. «También fluye a través de nosotros»
5	PE	Central	Travelling in	0:15-0:18 (3 segundos)	Tras una lámpara, se encuentra la protagonista. Su silueta comienza a desdibujarse al aparecer una especie de manchas negrras en su vestido, «y nos concede habilidades que magnifican»
6	PD	Central	Paneo	0:19-0:23 (4 segundos)	Comienza a salir sangre de un pétalo de flor después de que un dedo lo apretara. «nuestros puntos fuertes y nuestras flaquezas»
7	PM	Central	Travelling in	0:24-0: 26 (2 segundos)	Silueta de una chica de espaldas. Manchas negras comienzan a inundar la pantalla
8	PE	Central	Travelling in	0:26-0:28 (2 segundos)	Una mujer yace sobre los brazos de un hombre, que le acaricia la cabeza. «Algunos poseen el poder de sanar»
9	PG	Central	Travelling in	0:29-0:30 (1 segundo)	Un hombre de rodillas y una mujer de pie junto a él, rodeados por cuatro personas con armas «Otros»
10	PM	Central	Travelling in	0:30-0:33 (3 segundos)	La mujer pone la mano sobre el hombro del hombre. La cámara acaba enfocando solo el rostro de la mujer (silueta). «el poder de destruir»

11	PD	Central	Fija	0:33-0:34 (1 segundo)	Medio círculo formado por nebulosa en el cielo estrellado
12	PD	Central	Fija	0:34-0:35 (1 segundo)	Nebulosa rosa inunda la pantalla
13	PG	Central	Travelling in	0:36-0: 37 (1 segundo)	Bosque con el cielo teñido de rojo con una persona en medio \n\n «Para él, la corriente es una armadura»
14	PG	Zenital	Fija	0:38-0:39 (1 segundo)	Suelo rojo agrietado se recompone y la persona puede seguir andando
15	PM-PG	Central-picado	Travelling out	0:40-0:45 (5 segundos)	Unas manchas negras empiezas a consolidarse formando la silueta de la mujer. \n\n «Para mí, una maldición»
16	PG	Central	Fija	0:46-1:00 (14 segundos)	Presentación libro «Honor y supervivencia son dos cosas distintas»

SONIDO

Música	Diálogos	Ruido
Ligeras notas de piano al inicio. Comienza a sonar a partir del 0:20 un violín de fondo, con melodía rápida, a modo de alerta. \n\n A partir del 0:33, música con ritmo, épica, con una especie de voz aguda, violines, tambores…	No hay (solo voz en off narradora)	Sonidos estridentes, coincidiendo con cambios de plano o movimiento de cámara, para añadir tensión

MONTAJE

Secuencia material	Tensión psicológica	Progresión dramática
Planos evocadores, siguiendo una estética de escenarios abstractos y personajes dibujados en siluetas. Misma estética empleando la animación en elementos como las manchas, el cielo estrellado, las nebulosas rosas y rojas…	Reflexión que realiza la protagonista	Hilo conductor basado en la voz en off como complemento explicativo a las imágenes. Partimos de una realidad abstracta que se va focalizando con la interacción de dos personajes y la corriente como beneficio o perjuicio

ILUMINACIÓN

Cálida o fría	Dura o suave	Observaciones
		Mezcla de tonalidades cálidas y frías. Suave en planos cortos, dura en planos largos

RECURSOS GRÁFICOS

Rótulos	Animación
Un único rótulo: from the autor of Divergent. Veronica Roth	Todo el bibloitráiler es una animación

CATEGORÍA 7: ELEMENTOS DEL BIBLIOTRÁILER

Datos propios del libro/ Paratextos del libro objeto

Autor	Textos seleccionados del libro original	Título	Editorial	Fecha publicación	Disponibilidad/ Puntos de venta
Veronica Roth	Parafraseando oraciones del libro: «La corriente fluye a través de todo lo que tiene vida»; «La corriente fluye a través de todas las flores que brotan en el hielo»; «corriente fluye a través de todas las flores que brotan en el hielo —repitió Sifa— y les proporciona la fuerza suficiente para abrir sus pétalos en la oscuridad más profunda. La corriente presta más ayuda a la flor del silencio, la que marca nuestras horas, la que nos da la muerte y la paz»	*Las marcas de la muerte*	RBA	No aparece	No aparece

Hipertextualidad	www.lasmarcasdelamuerte.com
Intertextualidad	Referencia a Divergente (otra obra de la literatura juvenil reciente escrita por la misma autora)
Metaficción	No aparece
Perspectiva objetual del libro	Sí aparece (portada en el plano final)
Elipsis	Ausencia de referencias espaciales y temporales/ No descripción de personajes ni física ni psicológica
Suspense	No conocemos por qué para la protagonista la corriente es una maldición, ni quién es el personaje para el que la misma corriente es una armadura

2.5.10. *Una canción salvaje*

CATEGORÍA 1: INFORMACIÓN TÉCNICA

Variables	Valores
Título	Booktrailer: Una canción salvaje - Victoria Schwab
Autor/director	No aparece
Productor	Ediciones Urano
Género	Fantasía
Duración	0:57
Año	2018
Link	https://www.facebook.com/UranoMexico/videos/244721113041054/

CATEGORÍA 2: NARRATIVA

ESTRUCTURA

Introducción	Nudo		Clímax	Desenlace
0:00-0:09	0:10-0:39		0:40-0:43	0:44-0:57
«Una ciudad dividida. Verity está desintegrándose al borde de la guerra»	«Dos líderes. Dos bandos. No hay donde escapar. Los monstruos siempre te encontrarán. Sunai, Sunai, ojos de carbón. El alma te roban con una canción. Es muy difícil distinguir entre el bien y el mal»		«Llegó la hora de elegir: ¿Ser héroes o villanos?»	Presentación del libro (y también de su entonces próximo libro: Un dueto oscuro

NARRADOR

Extradiegético	Búsqueda de la complicidad con lector					Observaciones
	Formas imperativas	Imagen	Preguntas	Suspensión	Voz	
X			¿Ser héroes o villanos?	Llegó la hora de elegir		Primera y segunda persona. A modo de conversación con el espectador. Similitudes: Dos bandos, dos líderes. Enfrentamiento: bien y mal/ héroe

CATEGORÍA 3: PERSONAJES

No aparecen

CATEGORÍA 4: TIEMPO

Horquilla temporal	Tiempo histórico	Orden Temporal	Observaciones
Indeterminada (desde el inminente inicio de la guerra en Verity)	Indeterminado	Tiempo lineal vectorial	

CATEGORÍA 5: ESPACIO

Lugar de los hechos	Observaciones
La ciudad de Verity	

CATEGORÍA 6: RECURSOS TÉCNICOS

TIPO DE BIBLIOTRÁILER

Retórica del estrellato	**Retórica de la historia**	Retórica del género

Tipología de planos

N.º	Tamaño	Angulación	Movimiento de cámara	Duración	Observaciones
1	GPG	Picado	Tilt up	0:00-0:04 (4 segundos)	Vista de pájaro de la ciudad. «Una ciudad dividida»

2	PG	Central	Paneo	0:05-0:09 (4 segundos)	Calle de Verity «Verity está desintegrándose al borde de la guerra»
3	PMC	Central	Fija	0:10-0:11 (1 segundo)	Silueta de espaldas. «Dos líderes»
4	PD	Central	Fija	0:11-0:12 (1 segundo)	Puño cerrado. «Dos bandos»
5	PM	Central	Fija	0:13-0:15 (2 segundos)	Tres siluetas se van formando entre las sombras. «Dos bandos»
6	PD	Central	Paneo	0:16-0:19 (3 segundos)	Una puerta se abre. «No hay donde escapar»
7	PD	Central	fija	0:19-0:20 (1 segundo)	Dos bombillas se mueven.
8	PD	Central	Fija	0:20-0:21 (1 segundo)	Una mano se desliza por una superficie lisa
9	PG	Central	Fija	0:21-0:24 (3 segundos)	Una superficie lisa se va manchando de gotas de sangre. «Los monstruos siempre te encontrarán»
10	PD	Central	Tilt up	0:25-0:30 (5 segundos)	Un violín en primer plano. «Sunai, Sunai, ojos de carbón»
11	PG	Central	Travelling in	0:31-0:35 (4 segundos)	Una calle vacía con hojas por el aire. «El alma te roban con una canción»
12	PD	Central	Fija	0:36-0:37 (1 segundo)	Una zona en luz y sombra en la que va desapareciendo la luz «Es muy difícil distinguir»
13	PMC	Central	Fija	0:38-0:39	Una silueta de espaldas. Comienzan a salir manchas negras de la zona de los hombros. «entre el bien y el mal»
14	PG	Central	Fija	0:40-0:43 (3 segundos)	Zona arenosa «Llegó la hora de elegir: ¿Ser héroes o villanos»
15	PG	Central	Fija	0:44-0:57 (13 segundos)	Presentación del libro.

SONIDO			
Música	Diálogos	Ruido	Observaciones
Canción con piano, percusión y violín. Incita a la intriga.	No aparece		Sonido electrónico a modo de corriente cuando entra el efecto que simula una pantalla de televisión que no coge señal.

MONTAJE			
Secuencia material	Tensión psicológica	Progresión dramática	Observaciones
Fundido entre rótulos. Pasos a corte. Planos de situación para conocer la ciudad destrozada de Devery combinados con planos más genéricos en los que en ocasiones no podemos diferenciar dónde nos encontramos	Efecto recurrente a modo de televisión que deja de funcionar y vuelve	Pasamos de un escenario en el que está a punto de comenzar una guerra a conocer que son los monstruos los que infunden miedo y que habrá que elegir entre el bien y el mal. Todo ello se consigue combinando rótulos con imágenes que evidencian ese temor (manchas de sangre, puertas que se abren, calles abandonadas…)	Efecto recurrente a modo de televisión que deja de funcionar y vuelve

ILUMINACIÓN		
Cálida y **fría**	**Dura** o suave	Observaciones
		Combinación: cálida al hablar de los monstruos. Fría en los planos de escenarios

RECURSOS GRÁFICOS	
Rótulos	Animación
Presentes como hilo narrativo	Todo el bibliotráiler

CATEGORÍA 7: ELEMENTOS DEL BIBLIOTRÁILER

Datos propios del libro/ Paratextos del libro objeto

Autor	Textos seleccionados del libro original	Título	Editorial	Fecha publicación	Disponibilidad/ Puntos de venta
Victoria Schwab	X (solo un fragmento de la canción)	Una canción salvaje y Un dueto oscuro	Puck Ediciones Uranos	En «Un dueto oscuro», próximamente	No aparece
Hipertextualidad	Redes sociales de Puck España y Puck Latam				
Intertextualidad	No aparece				
Metaficción	No aparece				
Perspectiva objetual del libro	Portada de «Una canción salvaje» y «Un dueto oscuro»				
Elipsis	No referencias temporales, no presentación de personajes, no conocemos los motivos de la guerra ni los peligros reales de los monstruos				
Suspense	Dicotomía entre el bien y el mal, entre ser héroe o villano. Incógnitas sobre por qué tenemos que elegir. Llegó la hora de elegir: ¿Ser héroes o villanos?				

3
LIJ Y BIBLIOTRÁILERES:
ASÍ SON Y ASÍ SE RELACIONAN

3.1. EN EL PAPEL: EL RELATO ANTES DE PASAR A LA PANTALLA

Los diez libros correspondientes con la selección de bibliotráileres pertenecen al género de la narrativa juvenil. Dentro de esta clasificación, cabe destacar que predomina la narrativa juvenil romántica, con ejemplos claros como *After, Nosotros en la luna* o *Marfil.* También tenemos en cuenta el subgénero de fantasía, que crea un universo propio en *La reina roja* o *Una canción salvaje.* Todos los títulos han sido escritos por mujeres y pertenecen a grandes editoriales: hablamos de Planeta, Océano, Montena, Scholastic, Edelvives, Harlequin, RBA y Ediciones Urano. A su vez, es habitual encontrar sagas, representadas en este caso por *The Iron Knight, Harry Potter* y *After.*

Ya centrados en el análisis del relato, encontramos similitudes entre los diferentes libros. En primer lugar, hablamos del tiempo: la mayoría siguen un orden isocrónico en el que la trama avanza de manera lineal. Sin embargo, es común encontrar escasas analepsis con referencias y saltos temporales al pasado, lo que implica que el relato también sea anacrónico, aunque en menor medida. Así se identifica en *La reina roja, Marfil, Harry Potter, Las marcas de la muerte, Una canción salvaje* o *The Iron Knight.* No se incluye ninguna prolepsis ni, por tanto, saltos temporales al futuro. Siguiendo con el tiempo, pasamos de exponer el orden a explicar la duración. Aparecen patrones también claros, pues en ningún relato se han identificado pausas. Es frecuente la aparición del sumario y la elipsis para condensar la historia, a la vez que el empleo de escenas en los diálogos y también en la comunicación a través de correos electrónicos, que se incluyen como caso excepcional en *Nosotros en la luna.* En cuanto a la frecuencia, las historias de los diez libros son singulativas.

Pasamos al modo del relato, en el que estudiamos la perspectiva desde la que se narran los hechos, entre la que destaca aquella en la que el narrador sabe lo mismo que el personaje, lo que nos permite hablar de una focalización interna. En este caso, los narradores suelen ser los personajes protagonista: Rhys y Ginger lo son en *Nosotros en la luna;* Mare en *La reina roja;* Hardin y Tessa en *After;* Marfil y Sebastián en *Marfil* y Goodfellow y Ash en *The Iron Knight*. De esta manera también se aprecia que la narración suele ser compartida entre los dos personajes principales. Destaca a su vez el narrador omnisciente con focalización cero, que se encuentra en *Una canción salvaje*, *Cinder, Harry Potter, Ana la de Tejas Verdes* y *Las marcas de la muerte*. Ningún relato ha empleado la focalización externa, por la que el narrador sabe menos que los personajes.

Por último, nos centramos en la voz del relato e identificamos que la mayoría se narran en pasado, siendo este tiempo nombrado como ulterior. Así se da en *Marfil, Cinder, Harry Potter, Una canción salvaje, Ana la de Tejas Verdes, Las marcas de la muerte* y *Nosotros en la luna*. Por otro lado, destacan los relatos con voz simultánea narrados en presente, tal como identificamos en *After, The Iron Knight* y *La reina roja*. No se han encontrado narraciones con voz intercalada ni anterior. En cuanto a la persona, varios son los relatos narrados por los personajes protagonistas (dando lugar así a un estatuto de narrador intradiegético-autodiegético): *La reina roja, The Iron Knight, After, Marfil* y *Nosotros en la luna* abogan por sus protagonistas para relatar los hechos. En *Las marcas de la muerte* también se emplea esta narración en los capítulos en los que Cyra, la protagonista, actúa como narradora. De manera opuesta, se ha empleado el narrador extradiegético-heterodiegético para las narraciones omniscientes: *Cinder, Harry Potter, Una canción salvaje, Ana la de Tejas Verdes* y en *Las marcas de la muerte* cuando el protagonista de la acción es Akis.

En cuanto al cronotopo, varias son las referencias espaciales que encontramos. Nos situamos bien en escenarios reales como Avonlea en *Ana la de Tejas Verdes*, Estados Unidos en *After*, Nueva York en *Marfil* o París en *Nosotros en la luna*; bien en escenarios imaginarios. Así ocurre en *Una canción salvaje, La reina roja, Cinder* y *Las marcas de la muerte*. Dentro de ellos, es pertinente hacer una mención especial a la existencia de universos de ficción , como en *Harry Potter* o *The Iron Knight*. Las referencias temporales son más escasas, siendo en la mayoría el tiempo indeterminado el que se repite, aunque podamos concretar que historias como *Nosotros en la luna* sucede en un presente reciente por el empleo de correos electrónicos. Sí que contamos con ejemplos concretos en *La reina roja* (Nueva era. Década del año 300), en *Marfil* (la protagonista colabora desde hace cuatro años en una ONG formada en 2005 tras la devastación provocada por el huracán Katrina) y *Cinder* (más de 100 años después de WWIV).

Por último, en relación con los personajes, solo se ha incluido el análisis de los principales. Resaltamos que en su gran mayoría son personajes redondos, dinámicos e individuales, a excepción de los personajes que actúan en grupo en *La reina roja*: agentes de seguridad y colosos, que son estáticos, planos e individuales. Destaca a su vez la presencia de personajes que no actúan como secundarios, pero tampoco como protagonistas: los ayudantes de protagonista (es el caso de Sebastian Moore en *Marfil* o Goodfellow en *The Iron Knight*) además de los antagonistas, sirviendo como ejemplo la reina Levana en *Cinder*.

3.2. EN LA PANTALLA: EL BIBLIOTRÁILER

Los bibliotráileres analizados pertenecen en su mayoría al género de la narrativa juvenil. Entre ellos, destacan el género romántico y el fantástico y es habitual a su vez encontrar sagas, lo que ejemplifica una correlación con los libros analizados en el apartado anterior. Todos han sido publicados en YouTube a excepción de *Una canción salvaje*, con hipervínculo a Facebook. De la muestra analizada, el bibliotráiler publicado hace más tiempo es *Harry Potter* (2010) y el más reciente es *Ana la de Tejas Verdes* (publicado en 2023, aunque su recomendación data de 2020). Por otro lado, la duración de los bibliotráileres tiene una media de 56 segundos, siendo el de *After* el más extenso (1 minuto 28 segundos) y el de *Cinder* el más breve (29 segundos). Cabe destacar que cinco de ellos se encuentran en lengua española y los otros cinco en lengua inglesa.

Para analizar la transformación del relato escrito en el libro al relato audiovisual en bibliotráiler se han tenido en cuenta dos elementos. Por un lado, el bibliotráiler se construye desde la narrativa, por lo que son relevantes la estructura, el narrador, los personajes, el tiempo y el espacio como elementos principales. A su vez, dicha narrativa se crea a través de recursos técnicos como son los planos, el sonido o los recursos gráficos, entre otros, que detallamos en el siguiente apartado.

Empezamos por el armazón, el esqueleto que organiza el contenido: la estructura narrativa. La mayor parte de las piezas analizadas comienzan con una breve introducción, seguida del desarrollo con diferentes nudos y acciones, y acaban con el desenlace.

En la introducción, bibliotráileres como *Nosotros en la luna*, *Cinder*, *Ana la de Tejas Verdes*, *The Iron Knight*, *Marfil* o *After* presentan a los personajes protagonistas. Otros, como *Harry Potter*, *Las marcas de la muerte*, *Una canción salvaje* o *La Reina Roja* optan por comenzar contando una historia antes de empezar la trama del personaje. En cuanto al nudo, da lugar al desarrollo de los hechos, la historia que se quiere contar, por lo que es el fragmento más duradero dentro de los bibliotráileres analizados. Por su parte, el desenlace corresponde de manera unánime a la presentación del libro de la editorial en todos los bibliotráileres de la muestra. Si hablamos del clímax, existe mayor diversidad a la hora de escoger la fórmula para llegar al punto culmen de la obra, por lo que no se identifica ningún patrón ni fórmula reseñable.

Sin embargo, sí identificamos una serie de pautas que se repiten en la narración. Siguiendo la división elaborada en la ficha técnica entre narrador intradiegético y extradiegético, en el primer grupo destaca la narración realizada por los personajes protagonistas. Así ocurre en *The Iron Knight*, *Las marcas de la muerte*, *La reina roja* y *After*. Para ello utilizan o bien la rotulación, o bien la voz en *off*, empleando la segunda y la primera persona de singular para generar una conversación con el espectador. Suelen conseguir la suspensión del relato a través de su locución, con oraciones que intentan llamar la atención. En el caso de los narradores heterodiegéticos, también emplean la voz en *off* o los rótulos como hilo narrativo. Así se ejemplifica en *Una canción salvaje*, *Nosotros en la luna*, *Marfil*, *Cinder*, *Harry Potter* y *Ana la de Tejas Verdes*.

Tanto en la narración intradiegética como en la extradiegética la complicidad con el lector no solo se genera a través de la voz del narrador, también de la imagen y las oraciones interrogativas. En el caso de la imagen, se emplea para captar la atención cuando aparecen los narradores protagonistas en la acción, pero también para hacer referencias al argumento del libro sin necesidad de comentarlo de manera explícita mediante rótulos. Como clara referencia encontramos *Nosotros en la luna* y París como escenario, además de *Harry Potter* con las ilustraciones de Hogwarts, el Quidditch o la sombra de personajes míticos. En ningún caso se han empleado fórmulas imperativas para buscar esta complicidad. En referencia a las preguntas como fórmula para buscar la complicidad con el lector, suelen aparecer al finalizar, para que el espectador se interese por el relato y se convierta en un potencial lector: «¿Es posible colgarse de la luna junto a otra persona sin poner en riesgo el corazón?»; «Ser héroe o villano?»; «¿Habría hecho las cosas de manera diferente?». Estos son solo algunos ejemplos.

Si hacemos referencia al resto de recursos narrativos, también encontramos la elipsis como elemento común en la aparición de personajes, tiempo y espacio. La mayoría de los bibliotráileres solo hacen alusión a los personajes protagonistas y antagonistas. En ocasiones, forman parte de la escena los personajes secundarios esenciales para entender la trama, como ocurre en *Marfil* con el secuestrador, en *The Iron Knight* con Mab, o Hermione y Ron en *Harry Potter*. Algunos incluso suprimen por completo la imagen de los personajes: en *Nosotros en la luna* aparecen París y la luna como únicos elementos de imagen y en *Las Marcas de la muerte* y *Una canción salvaje* solo vemos sombras y una trama sin personajes reconocibles, sin ni siquiera mencionar su nombre. De la misma manera la elipsis es evidente en el espacio, pues únicamente se define en *Una canción salvaje* (la ciudad de Verity), *Nosotros en la luna* (París, por la imagen de la torre Eiffel), *Marfil* (Nueva York, por la imagen del Empire State), *Harry Potter* (Hogwarts, aunque no aparece el nombre), *Ana la de Tejas Verdes* (el pueblo, Avonlea, aunque no aparece el nombre) y el tiempo en *Cinder* (1126 years after WWIV). Todos los bibliotráileres se desarrollan en tiempo lineal y vectorial, a excepción de *The Iron Knight*, que incluye referencias al pasado a modo de *flasback* al hablar de su derrumbe a causa de una relación amorosa y un *flashforward* al avanzar que todo lo que conoce será destrozado.

3.3.   EL BIBLIOTRÁILER DESDE EL PUNTO DE VISTA AUDIOVISUAL: QUEDA CAMINO POR HACER

El bibliotráiler persigue la estructura y los propósitos del tráiler cinematográfico y, por ende, debe analizarse desde el punto de vista audiovisual para conocer si guardan similitudes. Empezamos señalando que *Harry Potter* es el único bibliotráiler con retórica del género de la muestra analizada. Destacan como protagonistas los elementos fantásticos por encima de la historia y los personajes. Por otro lado, *Nosotros en la luna*, *La reina roja*, *Las marcas de la muerte* y *Una canción salvaje* se identifican con la retórica de la historia por la importancia que confieren a la trama y la acción. Por último, *After, Marfil, Ana la de Tejas Verdes, Cinder* y *The Iron Knight* otorgan mayor relevancia a los personajes principales y por ello se vinculan con la retórica del estrellato.

La muestra analizada nos permite distinguir diferentes niveles de profesionalidad dentro de la elaboración de los bibliotráileres. Mientras que hay casos en los que destaca un resultado final potente, otros se quedan a medio camino y algunos ni siquiera manejan los estándares mínimos del bibliotráiler a nivel audiovisual.

Tabla 3. Clasificación de bibliotráileres según parámetros técnicos

Tipos de bibliotráiler	Tipología de planos	Sonido	Montaje	Iluminación	Recursos gráficos
A	Variedad mayoritaria en tamaño, duración, angulación y movimiento de planos	Empleo armónico de la música, los diálogos y/o los ruidos	Montaje como elemento narrativo en la secuencia material, la progresión psicológica y la dramática	Como recurso narrativo	Rótulos y animación para contar una historia
B	Variedad en algunos de los parámetros de tamaño, duración, angulación y/o movimiento de planos	Empleo de la música, los diálogos y/o ruidos como complemento	Montaje genera coherencia en la secuencia material, la progresión psicológica y/o dramática	Como recurso técnico	Rótulos y animación para apoyar una historia
C	Escasa variedad de tamaño, duración, angulación y movimiento de plano	Empleo deficiente de la música, diálogos y/o ruidos	Incapacidad para generar coherencia en la secuencia material, progresión psicológica y/o dramática	Ni como recurso narrativo ni técnico	No emplea o lo hace sin coherencia rótulos y animaciones

3.3.1.   La variedad de planos, una cuenta pendiente

Siendo los planos la unidad mínima en la composición de una pieza audiovisual, en el análisis se ha tenido en cuenta la cantidad, el tamaño, la angulación, el movimiento, la duración y la descripción de cada uno de ellos. Una vez desgranado cada bibliotráiler, podemos considerar de elaboración alta (A) aquellos que cuentan con diversidad de planos en la mayoría de los parámetros analizados, cumpliendo con ello la mitad de los bibliotráileres.

De esta forma, podemos considerar que *Marfil* cumple con dichos parámetros técnicos. Los planos son cortos, exceptuando uno de 6 segundos que se justifica por realizar un movimiento de cámara complejo: un *travelling* circular con una panorámica de seguimiento. La mayoría son planos con angulación central, pero también en picado y contrapicado haciendo referencia al punto de vista de cada personaje. A todo ello se suma la variedad de tamaños, justificando así la ubicación del bibliotráiler en este grupo. De manera similar describimos *After*: condensa en 1 minuto y 28 segundos 48 planos, con una duración que oscila entre los 3 segundos de máxima y el medio segundo de mínima. Los planos incluidos demuestran variedad en los movimientos de cámara, incluyendo paneos, *zoom in,* panorámica de seguimiento y cámara fija. Predominan los planos centrales, aunque también encontramos angulación cenital, ligeros contrapicados y escorzos. Donde reside su mayor valoración es en la variedad de planos en cuanto a tamaño, contando con algunos más cerrados que generan intimidad y otros más amplios que nos sitúan en la acción y la trama. De igual manera sucede en *Las marcas de la muerte,* con planos entre el segundo y los cinco segundos, que cuentan con tamaños variados y, aunque predomina la vista central, los movimientos de cámara (paneos, *travelling in* y cámara fija…) generan el ritmo suficiente como para que se le considere de alta calidad. La misma coyuntura encontramos en *Una canción salvaje.* En el caso de *Harry Potter*, pese a que la angulación central se mantiene en todos los planos, se ha decidido incluir en la alta calidad por la variedad de tamaños, los movimientos *de zoom out* y la duración de planos, entre 2 y 3 segundos.

Con una clasificación B (elaboración de complejidad media) situamos a cuatro de los diez. Empezamos por *La reina roja*, que se esfuerza en emplear planos de diverso tamaño, combinando el picado y el contrapicado con movimientos de cámara ascendentes y descendentes (*tilt up y down*) y la cámara fija. Sin embargo, la escena llega a ser repetitiva al hacer un uso abusivo de los planos sobre un solo personaje en una única localización de fondo blanco. Esto resta variedad en los planos, creando una sensación de monotonía pese a que la duración de estos no supera los 4 segundos. De igual duración son los planos de *Ana la de Tejas Verdes*. En este caso, el clásico literario cuenta con variedad de planos en cuanto a su tamaño, pero no en la angulación ni en los movimientos de cámara, donde predomina la vista central y la cámara fija, además de una duración de entre 2 y 6 segundos en planos sin movimiento. Una dinámica similar encontramos en *Cinder*, con escasa angulación ni movimientos de cámara. El problema inverso lo encontramos en *The Iron Knight*, que cuenta con variedad de planos en cuanto a tamaño, movimientos (con *travellings* y *zoom in*) y angulación (planos picados y contrapicados), pero con una duración demasiado elevada que oscila entre los 2 y los 11 segundos y que resta ritmo a la pieza.

Nosotros en la luna tiene poca variedad de planos. Su propuesta se basa en cambiar el fondo y mantener un mismo plano en lo que a tamaño, angulación y movimiento de cámara se refiere, empleando los rótulos como elemento compositivo principal, combinándolo con cielos estrellados, parís y la luna de fondo.

3.3.2. El montaje: un lenguaje propio

Si antes nos referíamos a la unidad mínima en la creación de escenas, el plano, ahora hablamos de su ensamblaje: el montaje. Estudiamos su calidad en función de la secuencia material, la tensión psicológica y la progresión dramática.

Suele valorarse positivamente que el montaje cuente con un significado narrativo. Comenzamos por *After*. En la postproducción se ha optado por emplear un efecto artificial multicolor, con destello, en la mayoría de planos, generando un ambiente propio. Es recurrente a su vez el uso de fundidos largos entre planos, fundidos a negro, barridos y movimientos bruscos de cámara. Es más, se emplea un mismo plano en varias ocasiones intercalado con otros planos para generar tensión e intriga. Todo ello consigue generar ritmo y acción acelerada en la trama. La progresión dramática se consigue cambiando de escenario y de plano sonoro. En *Una canción salvaje*, se genera tensión psicológica intercalando un plano a modo de efecto recurrente, simulando una televisión que deja de funcionar y vuelve a hacerlo. Es habitual el empleo de los rótulos para la progresión dramática, como también sucede en *The Iron Knight*. La tensión psicológica se realiza de nuevo con fundidos a negro, movimientos de cámara rápidos y el uso novedoso de la pantalla partida para unir espacio y personaje. En cuanto a la secuencia material, comienza con planos generales sin rostros reconocibles y pasa a una historia concreta con personajes e incógnitas. Una estética similar se emplea en *Las Marcas de la muerte*, aunque en esta ocasión juega con sombras de manera constante y no con personajes reconocibles. A nivel de montaje utiliza los mismos recursos que *The Iron Knight*.

Con algo menos de elaboración, encontramos un montaje coherente en el resto de los bibliotráileres. *Harry Potter* emplea elementos mágicos a modo de transiciones. Utiliza el libro en formato físico como si de él salieran las escenas que transcurren en cada plano. La tensión psicológica se consigue oscureciendo las esquinas del cuadro de vídeo, dando la sensación de estar viendo una historia que ocurre en el interior de otro formato (el libro, que se encuentra apoyado sobre la mesa). De esta forma, el espectador querrá conocer qué sucede en estas escenas en las que solo vemos sombras. La progresión dramática se consigue mediante una presentación paulatina de personajes, escenarios y elementos propios del universo *Harry Potter*, aunque no se cuenta una historia como tal, motivo por el que pertenece a este grupo. En *Ana la de Tejas Verdes*, las hojas otoñales son lo que en Harry Potter serían los elementos mágicos. Las transiciones con estas hojas de color ocre forman parte de un escenario que permite la progresión dramática. La tensión psicológica se consigue combinando imágenes de Ana con los rótulos narrativos.

El resto de títulos realizan un uso abusivo del fundido a negro y los fundidos entre planos, técnicas menos valoradas en el mundo audiovisual. Así ocurre en los cambios de espacio en *Cinder*. Como elemento de progresión dramática, se nos presenta a cada personaje de manera independiente a lo que se suma un rótulo que nos sitúa en un tiempo futuro. La coherencia con el tiempo se acentúa en un plano detalle de un ojo en el que se añaden en posproducción elementos tecnológicos propios de la ciencia ficción. La tensión psicológica se consigue con planos cerrados. De igual manera, *La reina roja* también emplea los fundidos entre planos y los fundidos a negro como elemento narrativo. La combinación de planos detalle muy cerrados genera a su vez esa tensión psicológica al no conocer el entorno. A ello se suma la ralentización del plano en el que cae una gota de sangre del dedo de la protagonista. De esta forma, la progresión dramática se consigue de igual manera combinando imagen y sonido. Como podemos observar también en *Marfil*, los fundidos a negro son un recurso manido. En esta historia se introduce también el plano desde el punto de vista de personaje, lo que ayuda a la progresión dramática al conocer desde qué figura se cuentan los hechos en cada momento. La tensión psicológica se consigue intercalando rótulos que dejan entrever un romance entre los dos protagonistas. Cada vez que la trama avanza, aparece uno de estos rótulos con la portada del libro.

En esta ocasión, no encontramos incoherencia en ningún bibliotráiler, pero es cierto que en *Nosotros en la luna* no se consigue generar tensión psicológica, lo cual se echa de menos. Su peso recae de manera íntegra en los rótulos, que sí que consiguen progresión dramática explicando la trama. También cumple con la secuencia material utilizando planos a corte y fundidos entre rótulos.

3.3.3.   El sonido, la importancia de cuidar el plano auditivo

El sonido se erige como elemento distintivo de cada bibliotráiler. Si bien la mayoría hace uso de la música y el ruido, no encontramos ninguno en el que se produzca un diálogo y solo escuchamos la voz del narrador en forma de monólogo.

Seis de los diez bibliotráileres tienen muy buena presentación del plano auditivo, utilizando de manera armónica la música, los diálogos o los ruidos. Es el caso de *La reina roja* que, con una melodía a piano, genera tensión a medida que avanza hacia la trama, pues combina dicha parte con ruidos de tormenta, principalmente truenos, que a su vez casan con el título y, sobre todo, con la imagen final de presentación del libro en la que un relámpago acompaña al título de la obra. Otro ejemplo que consideramos idóneo desde el punto de vista del sonido es *The Iron Knight*. Imagen y sonido se complementan para generar una sola narración. En este caso, la introducción aparece marcada por una melodía pausada con predominio del violín y ruidos de ventisca. Continúa con voces de fondo más agudas en los planos de transición cuando aparece un nuevo personaje en escena, todo ello acompañado de sonidos estridentes en el momento en el que toman relevancia elementos importantes en el relato, como las puntas de hielo. El bibliotráiler finaliza con música épica no sin incluir otros elementos sonoros como el tintineo en el bosque al hablar del romance, el sonido de choque de espadas en los planos de batalla o el relinche del caballo de hierro, así como el hielo roto al hacerse añicos la corona. El caso de *After* también es significativo, pues la música marca y diferencia la estructura narrativa del bibliotráiler. Aquí la melodía suave y a piano del principio finaliza cuando comienza la música electrónica y, a continuación, empieza una melodía acelerada. Introduce además como recurso la música en solitario sin necesidad de contar con una voz en *off* en el desarrollo de la acción entre los dos protagonistas, algo que solo identificamos en *After*. De manera parecida tenemos *Marfil*, que introduce también efectos sonoros para captar la atención cada vez que un rótulo aparece en pantalla. El sonido aparece de nuevo como elemento de tensión, sobre todo, cuando escuchamos un ruido estridente al mismo tiempo que la cámara se acerca a la joven en el momento del secuestro. Lo mismo ocurre en *Las marcas de la muerte*, donde los elementos de ruido se introducen en momentos de cambio y tensión y la música se altera según el relato, empezando por ligeras notas de piano y acabando por una música épica con una especie de voz aguda, violines y tambores. *Harry Potter* también opta por una estética sonora continuista. Con una melodía propia de las historias de magia, va introduciendo efectos sonoros que coinciden con los efectos visuales mágicos. Algunos ejemplos son la magia que sale de una varita, los destellos de luz que simulan la magia, los movimientos de la escoba de Quidditch como si fueran ráfagas de aire, el estruendo cuando el coche cae al suelo, el sonido del animal, el golpe del libro al caer a la mesa y cuando se apilan unos tomos sobre otros o la aparición de los rótulos.

No prestan tanta atención al nivel auditivo tres de los bibliotráileres, utilizando la música, los diálogos o los ruidos solo como un complemento más. Su relevancia no es elevada ni cuenta con una intención narrativa. Así sucede en *Ana la de Tejas Verdes*, con una sola canción melódica que va cambiando de ritmo, o en *Cinder* que, aunque emplea el ruido como efecto sonoro al introducir sonidos metálicos en los rótulos y la presentación del libro y sonido de cálculo numérico digital en el plano con la animación del ojo de la joven, no cuenta con una melodía significativa. En la canción no se aprecian cambios de rimo según la acción o los personajes y escuchamos de manera monótona guitarra eléctrica, batería y teclado. De manera similar ocurre en *Una canción salvaje*, que opta por una sola melodía sin cambios y con un único ruido cuando entra el efecto que simula una pantalla de televisión que no coge señal.

En *Nosotros en la luna* no se le otorga mucha relevancia al plano auditivo. Tan solo emplea una misma canción (*Romantic*, de Luca Francini), muy acertada, eso sí, sin ningún tipo de elemento sonoro más.

3.3.4. La presencia de recursos gráficos

La mayor parte de los bibliotráileres incluyen recursos gráficos. De hecho, seis emplean la animación como único recurso en la narración. Hemos diferenciado entre rótulos y animaciones y, en este caso, valoramos si se incluyen o no para contar una historia o apoyarse en ella. Cabe destacar que la animación se encuentra presente en todos los planos finales para introducir la portada del libro y el resto de sus elementos paratextuales.

Un uso ideal de los recursos gráficos lo encontramos cuando se utilizan para contar una historia, lo que ocurre en siete de los diez bibliotráileres. *Harry Potter, Ana la de Tejas Verdes, Las marcas de la muerte* y *Una canción salvaje* optan por la animación como forma de narrar la historia. Todos ellos emplean a su vez rótulos, siendo los recursos gráficos la pieza clave para la creación del bibliotráiler. En *Nosotros en la luna*, el peso de la narración recae de manera primordial en los rótulos y en la animación de elementos. Es el caso de la luna al interactuar con el título y la portada del libro. Aunque los rótulos y las narraciones pueden emplearse como recurso narrativo sin necesidad de incluirse en todos los planos del bibliotráiler. En *Cinder* los rótulos nos ayudan a situarnos temporalmente en la trama, así como a conocer que se trata de un clásico (con la mítica frase «Érase una vez»). Además, la animación nos introduce en un contexto tecnológico y la animación de las manchas de sangre muestra que este será un elemento relevante en el transcurso de la historia. De manera parecida sucede en *The Iron Knight*, aunque aquí la relevancia en la animación la tienen los elementos de hielo y la magia. Los rótulos también narran lo que las imágenes cuentan.

Otros dos bibliotráileres emplean los recursos gráficos únicamente como apoyo de la historia que narran. *La reina Roja* solo emplea animación al finalizar para introducir el título del libro y relacionarlo con un plano de tormenta que da pie a la entrada del libro en formato físico. En este caso, solo se añaden rótulos para los paratextos. Mayor relevancia cobran los rótulos en *Marfil*, que apoyan la historia para entender el romance entre los protagonistas. *After* no cuenta con animaciones y la rotulación solo se incluye para introducir el título del libro y los paratextos,

3.3.5. La iluminación como accesorio

La iluminación se ha empleado como recurso narrativo, utilizándose de manera muy elaborada en seis de ellos. En *The Iron Knight*, nos introduce a un mundo frío y sombrío a través de la iluminación dura y azulada. En *After*, la luz cálida y dura genera un clima cercano al mismo tiempo que íntimo entre los dos personajes, al igual que ocurre en *Marfil* (aunque sus primeros planos son fríos, anunciando así el secuestro). En *Las marcas de la muerte*, la iluminación presenta una dicotomía entre lo cálido y lo frío, con luz suave en los planos más cerrados y dura en los generales. Crea así dos espacios enfrentados. De igual manera sucede en *Una canción salvaje*, que combina la luz cálida al hablar de los monstruos y fría en los planos en los que presenta espacios, siendo la luz dura en ambos casos. En *Harry Potter* se han sombreado los bordes de la imagen, generando así un ambiente oscuro y lúgubre, con luz cálida enfocando a los personajes y centrando así la atención.

Como recurso técnico se ha utilizado en *Cinder*, que cuenta con una iluminaión fría y dura en los planos del principio y suave en el resto debido a un cambio de localización. También se usa en *La reina roja*, donde predomina la luz fría y existe un contraste entre la luz dura de los primeros y últimos planos y la luz suave de los planos intermedios.

No se ha empleado como recurso narrativo ni técnico en *Nosotros en la luna* (donde la imagen cuenta con escasa presencia y la importancia recae en los rótulos). Tampoco tiene especial importancia en *Ana la de Tejas Verdes*.

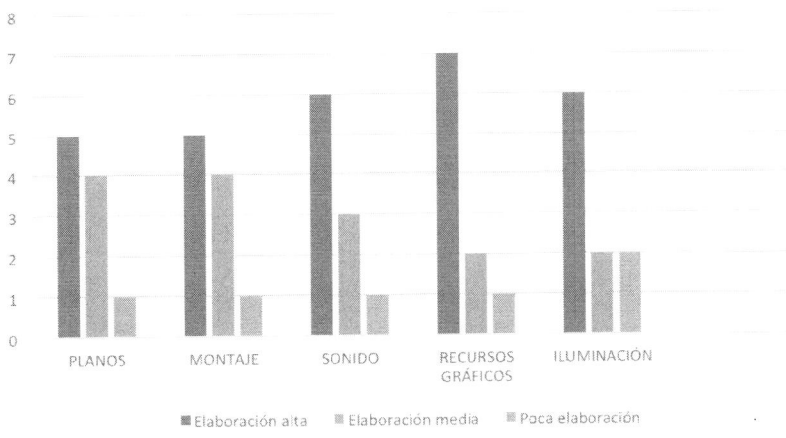

Gráfico 1. Parámetros de calidad del bibliotráiler

3.4. LOS ELEMENTOS DEL BIBLIOTRÁILER, A EXAMEN

Las últimas variables de la ficha técnica audiovisual recogen los elementos que Tabernero-Sala (2016) considera presentes en los bibliotráileres de calidad. De la muestra analizada, se extrae que algunos de esos elementos se incluyen de manera recurrente, otros de manera esporádica y otros de manera anecdótica o inexistente.

Tras el análisis nos damos cuenta de que la hipertextualidad, la elipsis y el suspense se erigen como recursos necesarios para que el bibliotráiler sea considerado de calidad. En el caso de la elipsis, ayuda a condensar la historia y suele hacerlo en este caso reduciendo espacios, el tiempo y la aparición de los personajes. Para generar suspense, los bibliotráileres analizados emplean diferentes técnicas. Entre ellas destacan las oraciones interrogativas (en *Nosotros en la luna*: «¿Es posible colgarse de la luna junto a otra persona sin poner en riesgo el corazón?»; en *After*: «¿Habría hecho las cosas de manera diferente?») o los rótulos sugerentes (en *Marfil*: «Un recordatorio constate de que algo malo va a ocurrir»; en *Iron Knight*: «*But the truths I face may change my Destiny. And all I've known will be shattered*» o en *Una canción salvaje*: «Llegó la hora de elegir: ¿Ser héroes o villanos?»). Existen otras herramientas menos frecuentes, como el uso de recursos sonoros (en *La reina roja*) o el empleo de planos, personajes y espacios difusos (en el caso de *Harry Potter*, *Las marcas de la muerte* o *Una canción salvaje*). A su vez, incluimos como último parámetro la duración: Tabernero-Sala (2016) establece una duración de entre 30 segundos y 3 minutos para los bibliotráileres de calidad, cumpliendo con ellos todos los bibliotráileres excepto *Cinder* (29 segundos).

De manera casi primordial también se incluyen siempre en el plano final y desenlace de la obra la perspectiva objetual del libro, su nombre, el autor y la editorial y la hipertextualidad. Todas ellas podrían considerarse características principales del formato del bibliotráiler, poniendo así en práctica su función de promoción, pues muestra el producto que intenta vender la historia audiovisual previa. Estos elementos son relevantes para identificar el libro (en formato físico con la perspectiva objetual, y digital con la hipertextualidad), conocer su nombre y su autor, así como la editorial (que no solo vende el libro, sino que también produce el bibliotráiler). En casos excepcionales, estos elementos adquieren mayor relevancia, como la perspectiva objetual del libro en *Marfil*, que se emplea como plano recurrente en cuatro ocasiones, acompañado de rótulos explicativos con los con los la trama avanzaba; o en *Harry Potter*, donde el libro se abre y es el elemento que contiene y cuenta la historia del bibliotráiler. Todos los elementos descritos hasta el momento aparecen en los 10 bibliotráileres analizados, exceptuando la hipertextualidad en *Nosotros en la luna*.

De manera esporádica encontramos escrita la fecha de publicación o su disponibilidad, que se incluye en *Nosotros en la luna* («disponible en librerías y en formato ebook»); *La reina roja* («octubre de 2015. Próximamente»); *Harry Potter* («scholastic.com/harrypotter») y *The Iron Knight* («25 octubre de 2011»). También de manera esporádica aparecen referencias intertextuales, que aparecen, por ejemplo, en *Las marcas de la muerte*, en la que se hace referencia a *Divergente* (otra obra de la literatura juvenil reciente escrita por la misma autora). En varias ocasiones el bibliotráiler incluye textos seleccionados del libro: en *Nosotros en la luna*, los rótulos corresponden al texto que aparece en la contraportada del libro; en *After* la voz en *off* de Tessa coincide con sus palabras en el prólogo de la obra; en *La reina roja*, la narración de la voz en *off* es idéntica a las palabras que la protagonista pronuncia al final del capítulo uno, tras presenciar un sangriento combate. De manera menos evidente se emplea en *Las marcas de la muerte* (que realiza un acercamiento a la manera de referirse a la corriente en el libro, pero no extrae un fragmento de forma literal) y en *Una canción salvaje*, pues solo se hace alusión a una canción: «Sunai, Sunai, ojos de carbón».

En la muestra analizada, ningún bibliotráiler incluye la metaficción, evidenciando esto que la tabla de Tabernero-Sala debería ser revisada y actualizada conforme al formato de bibliotráiler actual.

4

BIBLIOTRÁILER Y PROMOCIÓN LIJ

Decíamos al principio que el bibliotráiler es un elemento de márquetin que las editoriales juveniles están paulatinamente incorporando a su estrategia de comercialización y ventas. Un hecho constatable para cualquier persona que se plantee, pero que hemos querido comprobar de una manera más analítica y contrastada. Nuestra intención ha sido la de analizar los elementos narrativos y audiovisuales que conforman los bibliotráileres de LIJ de los libros más recomendados en redes sociales en España, diseñando una ficha técnica que, por un lado, estudia el componente narrativo del bibliotráiler, formado por la estructura, el narrador, los personajes, el tiempo y el espacio (Field, 1979; Sánchez-Escalonilla, 2001; Sánchez Alonso, 1998; Casetti y di Chio, 1990). Por otro lado, se han tenido en cuenta los elementos técnicos desde el punto de vista audiovisual que aglutina el tráiler cinematográfico para comprobar si el bibliotráiler también los emplea. Nos referimos a la tipología de planos, el sonido, el montaje, los elementos gráficos y la iluminación (Brisset, 2018; Gil Pons, 2010; Martin, 1962; Gómez Tarín, 2015; Fernández Díez y Martínez Abadía, 1999). Una propuesta de ficha de análisis que queda a disposición de interesados e investigadores en este género audiovisual, y que nos permite afirmar, una vez analizados todos esos elementos, que el bibliotráiler emplea recursos propios del tráiler cinematográfico para la promoción de libros.

Centrándonos primero en los elementos narrativos, es evidente que la mayor parte de las piezas analizadas cumple con el paradigma de Syd Fyeld, en tanto en cuanto comienzan con una breve introducción, seguida del desarrollo con diferentes nudos y acciones y acaban con un desenlace que además es común: la portada del libro con paratextos que lo definen. En cuanto a la narración, existe una alternancia entre la intradiegética y extradiegética que, en ambos casos, utilizan o bien la voz en *off* o bien los rótulos para contar la trama. Intentan cautivar al lector mediante el uso de imágenes y rótulos sugerentes, además de locuciones en primera persona por parte de los personajes protagonistas. Cabe destacar que la elipsis y el suspense se presentan en el resto de los elementos narrativos estudiados, tanto en la aparición de personajes como en la definición del espacio y del tiempo. Por ello, en los bibliotráileres suelen aparecer los personajes protagonistas y coprotagonistas y no es habitual que incluyan referencias espaciales ni temporales con detalle. Además, destaca la narración en tiempo lineal vectorial de los acontecimientos, con usos esporádicos del *flashback* y el *flashforward.*

En cuanto a los elementos técnicos, todos ellos han sido analizados de manera específica en los 10 bibliotráileres que conforman la muestra seleccionada. En este apartado también se identifican características comunes con el tráiler cinematográfico, como la inclusión de datos sobre la obra para situar al espectador (Dornaleteche, 2007) o el ritmo acelerado, pues «en la mayoría de las ocasiones el material está compuesto por escenas cortas yuxtapuestas» (Gil Pons, 2010). Esta situación también es propia del bibliotráiler, con planos que incluso duran menos de un segundo. El bibliotráiler también cuenta con la capacidad de crear una narrativa propia (Alonso Fernández, 2020) empleando técnicas diversas, como el ensamblaje de planos o la selección de personajes para abreviar la acción (Dornaleteche, 2007). Cabe destacar a su vez la importancia del plano sonoro, que emplea música y ruidos para narrar la historia, así como el valor de la iluminación o los recursos gráficos en la pieza audiovisual.

De manera casi colateral a este análisis de los productos audiovisuales, hemos conocido también el tipo de relatos de LIJ más recomendados en redes sociales en España que emplean el bibliotráiler como herramienta de promoción en la red. Para ello se ha elaborado otra ficha de análisis más esquemática que ha permitido dilucidar las características comunes de estos libros. Así, identificamos patrones en el tiempo de la narración, que además de ser siempre singulativo suele seguir un orden isocrónico con el uso de la elipsis y el sumario para contar la historia, y el empleo de la escena en los diálogos. Si bien, también encontramos relatos anacrónicos con segmentos analépticos, aunque es menos habitual. En cuanto al modo, los narradores suelen ser los personajes protagonistas cuando existe narración intradiegética. Además, es habitual que lleven a cabo narraciones realizadas por dos personajes que alternan su voz en los capítulos del libro. El narrador omnisciente aparece cuando la narración es extradiegética. De igual forma, identificamos que los hechos se cuentan en pasado (ulterior) o en presente (simultánea). Las similitudes también se dan en el tiempo, en su mayoría indeterminado, y en el espacio: mientras algunos bibliotráileres se ubican en escenarios reales, otros crean un universo propio y ficticio. Predominan, eso sí, las historias de amor y de fantasía.

Volviendo al bibliotráiler, y una vez realizado el análisis pormenorizado de los seleccionados, se ha podido reflexionar sobre su grado de elaboración gracias a los epitextos seleccionados en la muestra. De manera global, podemos constar que los bibliotráileres analizados presentan en su mayoría una elaboración alta en el plano sonoro y que además emplean con frecuencia elementos gráficos como la animación o los rótulos. Siguen en un nivel medio-alto en lo que a montaje se refiere (la mitad con un grado de elaboración alta y la otra mitad con un grado medio-bajo) gracias al empleo de recursos en posproducción, al ritmo y a la combinación de planos ensamblados de manera coherente con la intención de crear una historia que genere suspense.

Se mantienen en un nivel medio en la variedad de planos, y se han incluido bibliotráileres en el grupo de elaboración alta pese a que no cumplían variables como el empleo de planos con diferente angulación. De igual manera ocurre en la iluminación, en la que la calidad media-baja algo menos de la mitad de los mismos.

Asimismo, hemos querido prestar especial atención al papel que cumplen los paratextos del libro en el que se basan los tráileres, considerados esenciales por investigaciones previas para la creación de bibliotráileres de calidad, junto con otras características como la elipsis o la suspensión (Romero-Oliva, 2023; Tabernero-Sala, 2016). De esta forma, hemos podido comprobar que efectivamente algunos de estos paratextos son propios del formato del bibliotráiler, como la aparición del título y el autor de la obra o la perspectiva objetual del libro (que se ha manifestado incluyendo la portada del libro en el bibliotráiler). En esta primera aproximación, los autores también incluían una horquilla temporal que cumplen casi todos los bibliotráileres, al enmarcarse entre los 30 segundos y los 3 minutos de duración. Por ello, la muestra contiene características básicas como la precisión, la persuasión, ser sugerentes y la brevedad (Tabernero-Sala, 2016). Sin embargo, elementos como la metaficción o la intertextualidad aparecen de manera puntual, por lo que consideramos que no deberían proponerse como características esenciales que tenga que cumplir cualquier bibliotráiler para ser considerado de calidad. De esta forma, creemos oportuno argumentar que las propuestas de análisis de bibliotráiler realizadas con anterioridad deben reformularse y adaptarse a la evolución del bibliotráiler en la actualidad, profundizando en la narrativa y los recursos audiovisuales y no solo en la inclusión o no de los paratextos y de otros recursos meramente textuales.

Por último, comprobamos que aunque el bibliotráiler es una herramienta transmedia en auge para la promoción lectora, los libros juveniles más recomendados entre iguales en las redes sociales en España no emplean el bibliotráiler como un paratexto recurrente. De los 170 libros recomendados el año pasado en Instagram en España a través de la etiqueta «bookstagramespaña», solo el 3% cuenta con un bibliotráiler. En el caso de TikTok, con la etiqueta «booktokespaña», se han identificado 95 libros recomendados y solo el 11% tenía un bibliotráiler producido por una editorial. Si nos vamos a la muestra escogida (aquellos con mayor número de recomendaciones) la mitad están dirigidos al público anglosajón y, por ende, promocionan el libro en lengua inglesa. Esto parece indicar que las editoriales españolas todavía no apuestan por este formato de manera prioritaria.

Con todo, en estas páginas hemos hablado solo de los libros de LIJ que se recomiendan en redes sociales en España incluyendo el bibliotráiler como instrumento de difusión y promoción. Y esto nos permite afirmar que estamos ante una herramienta de promoción editorial y, posiblemente, también de promoción lectora, que cumple una función de incitación a la lectura de un libro entre iguales. Iguales que son, en su mayoría, jóvenes preadolescentes y adolescentes, que encuentran en las redes sociales de Tiktok e Instagram su ecosistema de comunicación, entretenimiento y ocio preferido. Y en ese ecosistema aparece, aunque de manera más residual que otras etiquetas, la recomendación de lecturas, acompañadas, como es el caso que nos ha ocupado, de vídeos cortos promocionales basados en esas lecturas: los *booktrailer* o bibliotráiler.

5
REFERENCIAS

ADORNO, Theodor y HORKHEIMER, Max, *Dialéctica de la ilustración*, Juan José Sánchez (trad.), Madrid, Trotta, 1994.

ALONSO FERNÁNDEZ, Ana María, «Elementos discursivos del tráiler cinematográfico». *Ogigia, revista electrónica de estudios hispánicos*, 27 (2020), pp. 95-115. https://n9.cl/eesiy8.

AMBRÒS-PALLARÈS, Alba, «Cine transmedia y educación: relatos en pantalla». *REIRE Revista d'Innovació i Recerca en Educació*, 13-1 (2020), pp. 1-18. https://n9.cl/5wo1h.

BAJTIN, Mijail, *Las formas del tiempo y del cronotopo en la novela*, Madrid, Taurus, 1989.

BERELSON, Bernard, *Content analysis in communication research*, California, Hafner Press, 1952.

BERNETE, Francisco, «Análisis de Contenido», en Antonio Lucas y Alejandro Noboa (eds.), *Conocer lo social: estrategias y técnicas de construcción y análisis de datos*, Madrid, Fragua, 2013, pp. 222-262.

BOOTH, Andrew; SUTTON, Anthea, y PAPAIOANNOU, Diana, *Systematic Approaches to a Successful Literature Review*, Los Ángeles, SAGE, 2016.

BRISSET, Demetrio, *Análisis fílmico y audiovisual*, Barcelona, UOC, 2018.

CASETTI, Franceso y di CHIO, Federico, *Cómo analizar un film*, Madrid, Paidós, 1990.

CODINA, Luis, *Revisiones de la literatura y cómo llevarlas a cabo con garantías: systematic reviews y SALSA Framework*. Junio de 2022. Lluiscodina.com. https://n9.cl/qbk4j. [13-08-2024).

CODINA, Luis (2022), *Revisiones de la literatura con aproximación sistemática*. 29 de junio de 2022. Lluiscodina.com. https://n9.cl/xniig. [15-08-2024).

CEPEDELLO MORENO, María Paz, «Pensar el tráiler como microrrelato: fragmento, fractal y narratología», en Sheila Pastor, José Antonio Paniagua y Teresa Gómez (eds.), *Movimientos excanónicos de la literatura contemporánea*, Salamanca, Ediciones Universidad de Salamanca, 2022, pp. 111-122.

CONDE, Rita y CASAIS, Beatriz, «Micro, macro and mega-influencers on Instagram: The power of persuasion via the parasocial relationship», *Journal of Business Research*, 153 (2023), pp. 1-10. https://doi.org/10.1016/j.jbusres.2023.113708.

CORDÓN-GARCÍA, José Antonio, «Combates por el libro. Inconclusa dialéctica del modelo digital», *El profesional de la información*, 27-3 (2018), pp. 467-481. https://n9.cl/wish27.

DORNALETECHE RUIZ, Jon, «Definición y naturaleza del tráiler cinematográfico», *Pensar la publicidad*, 1-2 (2007), pp. 99-116. https://n9.cl/a8o8d5.

EIROA, Matilde y BARRANQUERC, Alejandro, *Métodos de investigación en la comunicación y sus medios*, Madrid, Síntesis, 2017.

ELOGIA, *Estudio de Redes Sociales 2020*. 17 de junio de 2020. https://elogia.net/estudio-anual-redes-sociales-iab-2020-by-elogia/ [16-08-2024].

FEDERACIÓN DE GREMIOS DE EDITORES DE ESPAÑA, *Informe sobre el Sector Editorial Español: año 2020*. Enero de 2022. Federacioneditores.org. https://n9.cl/a808m [16-08-2024].

FERNÁNDEZ DÍEZ, Federico y MARTÍNEZ ABADÍA, José, *Manual básico de lenguaje y narrativa audiovisual*, Barcelona, Paidós, 1998.

FIELD, Syd, *Screenplay: The Foundations of Screenwriting*, Nueva York, Delta, 1979.

Fraga, Fernando José; Selfa, Moisés y Franco, Ángela, «La literatura juvenil publicada en Portugal: de las grandes tiradas comerciales a la interacción en la web 2.0», *Revista chilena de literatura*, 94 (2016), pp. 103-118.

Genette, Gerard, *Palimpsestos. La literatura en segundo grado*, Madrid, Taurus, 1989.

— *Figuras III*, Barcelona, Lumen, 1989.

— *Umbrales*, Siglo XXI editors, 2001.

Gil Pons, Eva, «La narrativa del tráiler cinematográfico», *Congreso Euroiberoamericano de Alfabetización Mediática y Culturas digitales Sevilla*, Sevilla, Universidad de Sevilla, 2010.

Girard, A., «Las Industrias Culturales: ¿Obstáculo o nueva oportunidad para el desarrollo cultural?», en Ari Anverre, Albert Breton *et al.* (eds.), *Industrias Culturales: el futuro de la cultura en juego*, México, Fondo de cultura económica, 1982, pp. 24-39.

Gómez Domingo, Marta y Bárcena Toyos, Patricia, «Students' perceptions of the use of book trailers to promote reading habits and develop digital competence in primary education», *Investigaciones Sobre Lectura*, 17-1 (2022), pp. 67-82.

Grant, Maria y Booth, Andrew, «A typology of reviews: an analysis of 14 review types and associated methodologies», *Health Information and Libraries Journal*, 26-2 (2009), pp. 91-108.

Guardado da Silva, Carlos y Catanho, Cláudia, «Bookstagram y los mercados editoriales estadounidenses y portugués», *Ámbitos*, 53 (2021), pp. 25-41. https://n9.cl/zrnjw.

Ibarra-Rius, Noelia y Ballester-Roca, Josep, «Booktrailer en Educación Infantil y Primaria: adquisición y desarrollo de las competencias comunicativa, digital y literaria a través de narrativas digitales», *Digital Education Review*, 30 (2016), pp. 76-93.

Jenkins, Henry, *Convergence Culture: La cultura de la convergencia de los medios de comunicación*, Pablo Hermida (trad.), Barcelona, Paidós, 2008.

Kernan, Lisa, *Coming attractions: reading American movie trailers*, Texas, Texas Film and Media Studies, 2004.

Krippendorff, Klaus, *Metodología de análisis de contenido. Teoría y práctica*, Barcelona, Paidós, 1990.

Lasswell, Harold, *Propaganda Techniques in the World War*, Connecticut, Martino Fine Books, 1927.

Lluch, Gemma, «El sitio web como espacio para la creación de comunidades», en Gemma Lluch (ed.), *Claves para promocionar la lectura en la red*. Madrid, Síntesis, 2018, pp. 18-33.

Lluch, Gemma; Tabernero-Sala, Rosa, *et al.*, «Epitextos virtuales públicos como herramientas para la difusión del libro», *El profesional de la información*, 24-6 (2015), pp. 797-804. http://dx.doi.org/10.3145/epi.2015.nov.11.

Lluch, Gemma y Sanz-Tejeda, Aránzazu, *Analizar relato #LIJ*, Cuenca. Ediciones de la Universidad de Castilla-La Mancha, 2021.

Martin, Martin, *La estética de la expresión cinematográfica*, Madrid, Ediciones RIALP, 1962.

McKee, Robert, *El guion. Sustancia, estructura, estilo y principios de la escritura de guiones,* Jessica Lockhart (trad.), Barcelona, Alba, 2002.

Rivera Orbe, Cristhian *et al.*, «The Use of Audiovisual Booktrailer to Promote Reading AmongUniversity Students», en Andrea Basantes- Andrade *et al.* (eds.), *Advances in intelligent Systems and Computing*, 1110, 2020, pp. 222-245.

Romero Oliva, Manuel Francisco; Heredia Ponce, Hugo, *et al.*, «Promoción de la lectura y transmedia. De la creación editorial al booktrailer como epitexto ficcional», *Texto libre: Linguagem e Tecnologia*, 16 2023, 1-18.

— «El *book-trailer* como herramienta digital en la formación lectora de los futuros docentes. Un estudio de caso», *Caracteres. Estudios culturales y críticos de la esfera digital,* 8-2 (2019), pp. 92-128.

Rovira-Collado, José, «*Booktrailer y Booktuber* como herramientas LIJ 2.0 para el desarrollo del hábito lector», *Investigaciones Sobre Lectura*, 7 (2017), pp. 55-72. https://n9.cl/4w2h5.

— «Clásicos literarios en constelaciones multimodales. Análisis de propuestas de docentes en formación», *Tejuelo*, 29 (2019), pp. 275-312.

Rovira-Collado, José, «Evolución del booktrailer como epitexto transmedia de sagas cinematográficas y literarias», *Quaderns*, 18 (2022), pp. 65-76. https://n9.cl/o283c.

Sánchez Alonso, Fernando, «Teoría del personaje narrativo. Aplicación a El amor en los tiempos del cólera», *Didáctica (lengua y literatura)*, 10 (1998), pp. 79-105. https://n9.cl/s8gerb.

Sánchez-Escalonilla, Antonio, *Estrategias de guion cinematográfico*, Barcelona, Ariel, 2001.

Simões, Dora y Costa, Raquel, «Book trailers and storytelling in the art of persuading the consumer», *CAPSI 2020 Proceedings*, 38 (2020). https://aisel.aisnet.org/capsi2020/38/.

Scolari, Carlos Alberto, *Narrativas transmedia. Cuando todos los medios cuentan*, Vizcaya, Deusto, 2013.

— «Narrativas transmedia: nuevas formas de comunicar en la era digital», *Anuario AC/E de cultura digital 2014*, 2014, pp. 71-81. https://n9.cl/whkad.

— *Cultura snack: lo bueno, si breve,* Ciudad Autónoma de Buenos Aires, La marca editora, 2021.

Seger, Linda, *El arte de la adaptación: cómo convertir hechos y ficciones en películas,* Madrid, Rialp, 1993.

Shapiro, Michael, Werner, Jeff *et al.*, *Coming Attractions: The History of the Movie Trailer,* Laguna Beach, Andrew J. Kuehn Jr. Foundation, 2006.

Tabernero-Sala, Rosa, «El booktrailer en la promoción del relato», *Quaderns de Filologia. Estudis literaris*, 18 (2013), pp. 211-222. https://n9.cl/oa1ds.

— «Los epitextos virtuales en la difusión del libro infantil: Hacia una poética del *book-trailer*. Un modelo de análisis», *Ocnos, 15*-2 (2016), pp. 21-36.

— «El biliotráiler en la promoción del libro y de la lectura», en Gemma Lluch (ed.), *Claves para promocionar la lectura en la red*, Madrid, Síntesis, 2018, pp. 64-78.

Tabernero-Sala, Rosa y Colón-Castillo, María Jesús, «The promotion of critical reading through the digital environment: A study on the virtual epitexts used to promote children's picturebooks», *Front. Psychol*, 14 (2023).

Tabernero-Sala, Rosa, Colón-Castillo, María Jesús *et al.*, «Promoción de la lectura en la sociedad digital. El book-trailer del libro ilustrado de no ficción como epitexto virtual en la definición de un nuevo discurso», *El profesional de la información*, 31-2 (2022), pp. 1-17. https://n9.cl/q3q7k.

Vilches, Lorenzo, *Métodos y técnicas en la era digital*. Barcelona, Gedisa, 2011.

We Are Social, *Digital 2020 Spain: All the data, trends and insights you need to help you understand how people use the internet, mobile, social media and ecommerce*, 2020. https://n9.cl/vkbvg [31-08-2014].

Zallo, Ramón, *El mercado de la cultura. Estructura económica y política de la comunicación*, Donostia, Gakoa, 1992.